正好住基隆

我住在基隆要塞司令官邸的日子，還有心愛的城市散步時光

小歐　著

好評推薦

從未想過，能真正認識一位曾居住在日式宅院的人，且是住在大沙灣的那處豪宅（基隆要塞司令官邸），如今我們不需任意門，因為本書作者小歐，就是這樣一位出入於歷史之間的故事人。

林承毅　林事務所執行長／政治大學、清華大學兼任講師

在古宅生活的細微往事如此迷人，場所的主角永遠是在其中度過悠長歲月的「人」，而悉心保留珍貴空間持續疊加記憶，則能讓故事與未來生活在同一塊土地上的人有更多共鳴。

凌宗魁　建築文資工作者

我認識的基隆人都非常會走路。但能夠走出一番興味、走出樂趣、走出人生體悟、走出滿滿感動的大概非小歐莫屬，她不只是正好住基隆，而是基隆真好有小歐，讓我們看見更多的在地風景。

陳立儀　小獸書屋創辦人

過往大家對於基隆古蹟的諸多聯想，大多留在全台密度最高的砲台文化，但隨著近期各式古蹟修復再利用後嶄新亮相，像是基隆要塞司令官邸就是一大指標，過去它是富含濃厚的生活記憶，陪伴小歐長大的家，未來也將串起基隆東岸歷史廊帶的全新想像。

陳靜萍　基隆市文化局長

「走路」是一件美好的事情，是種可以更深入在地的方式。我因長距離徒步的關係而認識小歐，也謝謝小歐的新書藉由「走路」的方式介紹我們的故鄉，用五公里的基隆路線，讓民眾體會、深入基隆豐富的歷史路徑以及特色。

單彥博　雞籠卡米諾創辦人

小歐把近期剛整建好的古蹟官邸填入了「李宅」時期的性格，為亮著裝飾照明的古蹟注入了溫度，讓正好住基隆的我充分感受真實的暖意，太珍貴了。

楊雅萍　見書店主理人

輕巧的足跡，彷若貓爪巡遊，引領我們穿越上個世紀的一抹印記。走訪小歐從前的「家」與基隆大歷史的場景，如許親切而動人，充滿龍貓似的趣味，豐富而獨具的基隆人情故事，呈現另種基隆城市書寫面貌。

鄭栗兒　《基隆的氣味》作者／作家

二〇一五年，小歐帶我探訪頹圮的舊家，娓娓道來回憶，我寫下：「彷若靈動的眼睛，木櫺窗眨了一下。」這一眨眼，李宅煥然重生，成為這座城市身世的明喻。

鄭順聰　《基隆的氣味》作者／台文作家

序 只是剛好住在這裡……009

PART 1
基隆要塞司令官邸前住民的告白

PART 2
成為基隆走路人

＊基隆市文化局提供

序

只是剛好住在這裡

自我有印象以來，就住在基隆、住在那棟房子裡。

從家人那裡聽說了很多我出生時的故事，比如說，媽媽在聖母醫院腹痛已久，遲遲生不出來，等外公打完牌一到醫院，我就出生了；還有出生後沒多久，有一次喝奶噎到，臉都發青，爸爸抱著我飛奔到安瀾橋的江東診所，在陶醫師的急救下解除危機，此後陶醫師成為我們的家庭醫師，每次見面，他都要提醒，他可是我的救命恩人。

住在基隆和那棟房子對我來說理所當然，雖然小時候隱約知道房子是和司令官頂來的，但僅此而已，對於房子的歷史、建築特色，完全不以為意，只覺得它就是這樣，抱怨它太大、有許多不方便，家人還得想辦法排除這些不便。

我家的位置剛好在兩個小學學區中間，到兩所學校的距離差不多

遠，公車都要搭好幾站，我們選了離家近一點的那一所學校。以小學生的腳程，班上同學們家都住在走路十分鐘內會到的地方，我家到學校要走二十分鐘，那時候很羨慕家住在學校旁邊的同學。

小時候，基隆很多老房子都被傳說是鬼屋。國中時就讀基隆有名的私校，同學來自基隆各地，當同學們知道我家在哪兒時，許多人驚訝地說，那兒不是鬼屋嗎？不是，那是我家。

從轉盤電話到無線電話，從打字機、二八六電腦到撥接，搬離那棟房子剛好是我大學畢業那一年，二十世紀的尾巴。那時資料取得還是類比式、實體的，我們並沒有去了解這棟房子的過往歷史，也沒有為它留下太多紀錄，我們還沒有那個意識及需求。對我來說，這房子夏天沒冷氣太熱，動物和昆蟲太多，大掃除要花好多時間，有時還會有奇怪的聲音——但那是我家，我在那裡很自在。

直到離開後，讀了比較多的書、認識了更多人、去過更多地方，比如說京都，我在那個城市覺得親切，有許多房子和我家很像。

後來在一些資料中知道那棟房子還有別的名字：「流水住宅」、「要塞司令官邸」，才漸漸意識到我曾住在一棟厲害的房子裡！

＊＊＊

基隆對我來說也是這樣：存在著各種理所當然。經常下雨，街道窄窄的，山坡和階梯很多，觀光區都很陰森；國中時學校規定每天檢查學生有沒有帶雨傘，同學們都覺得這是很正常的事。

高中在台北讀書時，感覺基隆好像只是台北的海邊，我也只是個來自邊緣地帶的人，所以努力讓自己更台北一點。反而是大學以後，有來自台灣各地的同學，基隆只是其中之一，高中時的那種邊緣人氛圍有釋懷些。不過，那段求學時間的生活中心都在台北，對基隆最熟悉的地方就只有我曾經的通學路，和從家裡去火車站的路，其他的地方都不太熟，也沒有想過要好好認識。

讀研究所及剛成為社會人時，對基隆更為冷漠，把它當旅館，在家吃飯、睡覺，然後去台北工作和玩樂。那時若問自己對基隆有沒有故鄉的愛？想要有，但說不太出來，只是剛好住在這裡而已。

直到二〇〇九年一次日本四國徒步遍路旅行，讓我重新思考什麼是生活？什麼是好玩？我們可以如何與生活的土地相處？我開始用

走路認識基隆，在基隆各地散步，在基隆享受時間。

＊＊＊

那棟房子在我們搬走之後，漸漸地老了，曾短暫借給基隆的文史組織，但文史組織搬出後，房子漸漸崩塌，我有空時會去看看那棟房子，坐在一旁坡道的樓梯邊陪它一會兒。

以為許多事回不去了，我早就做好心理準備：房子有一天會全倒，那塊地會被剷平，蓋上新大樓，有新的住民居住。誰曉得呢，幾年後，房子又活回來了！還一度成為誠品書店的快閃店。相信這是靠許多人的努力才達到的成果。對我來說，這個過程很奇幻，改寫了我對世事變化想像的動線，不論是人，還是土地，都有無限可能。

＊＊＊

比起台灣許多地方，基隆是一座面積狹小的城市，但它有山的守

護、海的滋養，地處邊緣卻自成一格，有西班牙、荷蘭、中國明清、日本留下的歷史文化，也有當今在地住民共同經營出的城市氛圍；在基隆走路，很容易感受到這些地貌風景、人文風情帶來的樂趣。現在我可以比較充實且大聲地說出對基隆的喜愛，並樂於多多和它相處，想要了解它更多。與生活的城市維持著這樣的關係，是幸福吧。

作為一個基隆著名房子的前住民，及喜歡在基隆到處散步的人來說，我經常被問到在那棟房子裡生活的往事，還有基隆哪裡好玩、有沒有推薦去哪裡走走，我想不如就寫一本書，一起來談談我所知道的——沒有太多歷史考究和學問，只是我從小到大在基隆這座城市裡直觀的生活感受。一是可以當作城市生活史的一筆紀錄，再來或許能作為享受這個城市的參考，望能為讀者諸君的生活帶來一絲樂趣。

只是剛好住在這裡，正因為這樣，若能好好在這裡享受自己的時間，不是很棒嗎？

＊基隆市文化局提供

客止步

遊客止步

＊基隆市文化局提供

PART 1

基隆要塞司令官邸

前住民的告白

沙灣海景第一排

「基隆要塞司令官邸」位於基隆市中正路二三〇號，是我出生以來到大學畢業時住的房子，不過我們家並不是要塞司令或什麼權貴，只是因緣際會剛好頂下這棟房子來住。

小時候總是自豪於我家的地址很短。房子在大馬路旁，卻被墊高許多，要爬二十二階樓梯才到大門，進了玄關後又被架高一公尺多。若從火車站方向沿中正路走來，過了「海門天險」大門後一彎，就會看到這棟房子很有氣勢地踞立於山坡，讓人印象深刻。

直到搬離這裡好幾年後，才知道這棟房子是日治時期經營流水巴士、基隆乘合自動車株式會社的商人流水偉助在一九三〇年代初動工建立的自宅，房子就蓋在他辦公室的對面。而我小時候就聽說，日治時期我家對面可是基隆有名的海水浴場，這麼說來，當時因是為了海

景第一排的良好視野，交通業大戶才依山建了這棟房子，且還要墊這麼高！

一九四九年國民政府來台後接收了這棟豪宅，作為要塞司令官邸之用，鄰近的日式房舍也被整理成要塞司令部校官眷舍。而我們家在一九七三年與當時的要塞司令官親戚耿家分租了這棟房子的房間，約在一九八〇年代初耿家搬出去，我們家整棟頂下來，一直住到一九九八年搬走。於是這棟房子有了不同的名字：「流水住宅」、「要塞司令官邸」、「李宅」，代表著不同時代的用途和生活史。

我們住在那裡時，房屋外牆全漆成綠色，不清楚是不是日治時期就是這個顏色，但耿家的說法是，依中正路的路線，這棟房子正好位在路彎上，就像蝦的形狀，這樣的地形稱為「蝦地」；蝦要活，就要是綠色，不能是紅色，所以房子外牆都被漆成綠色了。大門兩旁接連著外壁，外壁與房子間有過道，可從大門直接通往廚房和前院，過道均有排水溝。

房子下方有多個換氣孔，可從換氣孔看見其中的梁柱。屋頂上是一般日式建築常見的「小屋組」——梁柱撐起的尖頂；屋頂的形式

結合了「入母屋」、「寄棟」和「切妻式」，上鋪灰黑瓦；外牆則是「下見板」（日式雨淋板），面對市街那一面裝上「格子窗」，面對山的那一邊則全是「緣廊」，以「玻璃障子」與戶外區隔；有前院和後院，前院有水池，後院有防空洞。

一般會想像日式房子裡應該每間房間都有榻榻米和哆啦A夢住的那種「押入」（壁櫥）吧！我們家搬進去時，房子裡已經沒鋪上榻榻米，全是木地板；確實許多房間都有「押入」，不過堆放了各種雜物。基隆多雨、房子又靠山邊，「押入」裡又暗又溼又多蟲，就算小學時讀了不少哆啦A夢漫畫（那時是叫《小叮噹》），但從沒想吵著大人要搬到「押入」裡睡覺。

相信一開始，流水家是以傳統日本大正、昭和式建築工法配合台灣風土時宜，來建造這棟房子；而成了要塞司令官邸後，也可能因時制宜地調整房子的外型和機能。到了我們家住在這裡時，則以一種原本有什麼就接著用，壞了就先無視，真的損壞到讓生活感到困擾時才會花錢修整的態度來處理，那種考究古法、一定要找到同等建材的修復，依我家當時的財力實在無法負荷。從有錢企業家豪宅到官舍、再

基隆市文化局提供

到庶民住宅，這棟房子在近七十年間服務著不同文化、不同目的、不同思維的人們，也真是辛苦它了。

房子內部先用我們家俗稱的方式來介紹。那些日式建築各部位的名稱，也是後來看書才知道，原來各有學問。

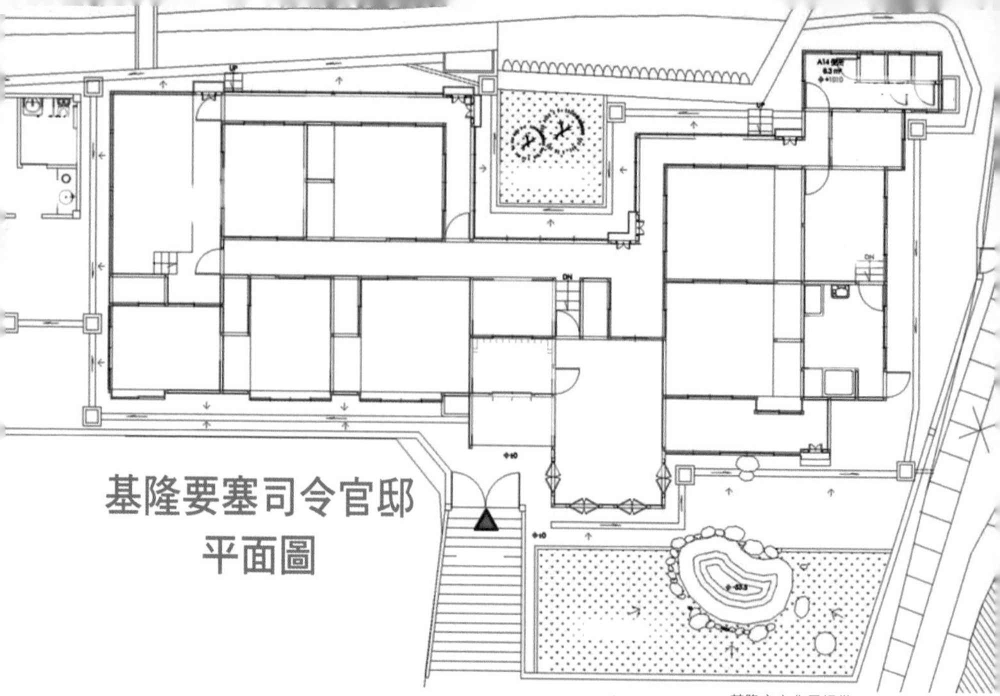

基隆要塞司令官邸
平面圖

＊基隆市文化局提供

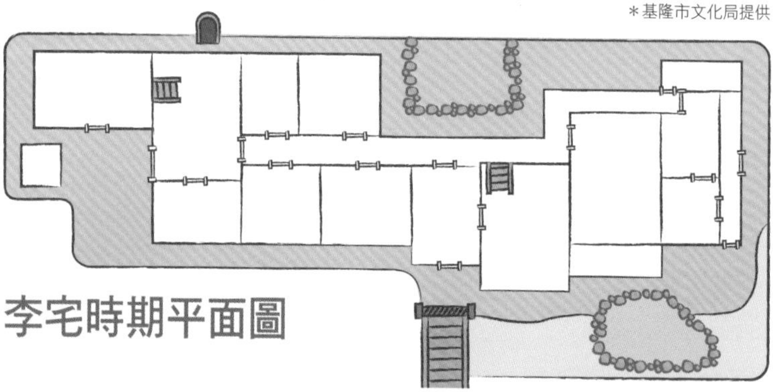

李宅時期平面圖

＊本跨頁照片皆由基隆市文化局提供

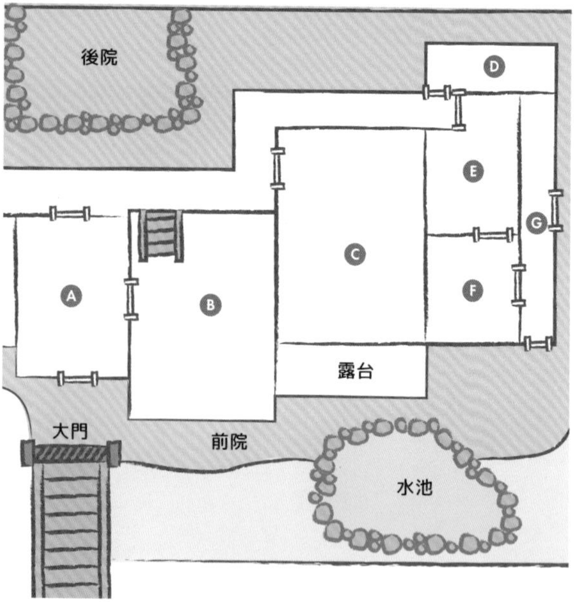

外牆有可容納「雨戶」（擋雨的木板拉門）的「戶袋」空間，其中的雨戶是全屋僅存可用的，其他地方戶袋內的雨戶多不見或不全。之前是耿家住的房間，全部以木格障子與緣側隔開；耿家搬走後改為佛堂，原本木格障子改以夾板及毛玻璃為牆。

D舊廁所：位在房子最底，有兩間和式廁所、一個男用小便斗。早期需要有人來挑水肥，一九八〇年代初新浴廁建好後，這裡就幾乎沒有再使用。

E洗手檯：有兩個洗手檯、一面大鏡子。很暗、不透光，是我覺得很陰森的地方。旁邊有個空間雨天時可以曬衣服。

F舊浴室：有兩個水池，一個壞掉的蓮蓬頭，一個無法出水的洗手檯，另有一個小門通往柴房。早期大家燒熱水在這裡洗澡，也擺了一台洗衣機，新浴廁建好後，這裡就成了洗衣間。這裡也是陰森之地的代表。

G柴房：浴室外的室內空間。基本上是堆雜物的地方，也是雨天時的曬衣空間。可從浴室進來，另有一扇門通到前院、一扇門通到外面，郵差會透過門上的投郵孔把信件丟進來，所以經常要去那裡取信。很暗，總是陰涼，是家裡陰森集大成之地。
房子重修改建後並沒有修到這個空間，此空間的屋頂是鐵皮搭的，可能非原始建物，而是某一代住民應生活需要而搭建。

＊基隆市文化局提供

Ⓐ玄關：門口為大片毛玻璃門，接著是磨石子地板和階梯，上階梯後有兩重「障子」隔出「廣間」，牆上有「欄間」（天花板與拉門之間的通風、採光隔屏）。李心潔《又下雨了》的MV可以看到當時的樣子。

Ⓑ大客廳：玄關進入後右轉下兩階樓梯可達此間，此屋唯一的洋式建築空間，沒有架高。據說這原本是會客室，稱作「應接間」，一進玄關不用登樓梯，直接右轉可到，不過我們在玄關入口擺了鞋櫃直接堵著，所以一直沒有好好使用這個功能。

這是外公最早租的房間，當時外公、外婆、阿姨住在這個房間，之後短暫成為佛堂，後來改為書房兼大客廳，三面牆都是書架，一面牆放沙發，中間有張長桌，是客人來時聚會的地方。

Ⓒ佛堂：障子拉門進出，原本應是此棟房子中設為「座敷」（原指鋪在地板上的座墊，後稱鋪有蓆墊、通風採光條件最好、最寬敞的迎賓用房間，可彰顯屋主的身分）的空間，有「床之間」（可懸吊字畫、擺設花卉或盆景的凹間，為主人的身分象徵空間）、「違棚」（兩段式棚架，可陳設書籍、茶具、硯台、器皿等文物）、「付書院」（床之間近廊道一側的連窗矮櫃處），亦有可置物的「押入」（壁櫥），上牆有「欄間」，日式結構最為完整。

房外有個露台可欣賞水池景色，露台下方的空間堆放著柴薪；不過市府重修後並無露台，為緣廊直接搭「沓脫石」直通水池邊。若依沓脫石一直存在來判斷，房屋最早應該沒有露台，不曉得露台是哪個時期增建的。

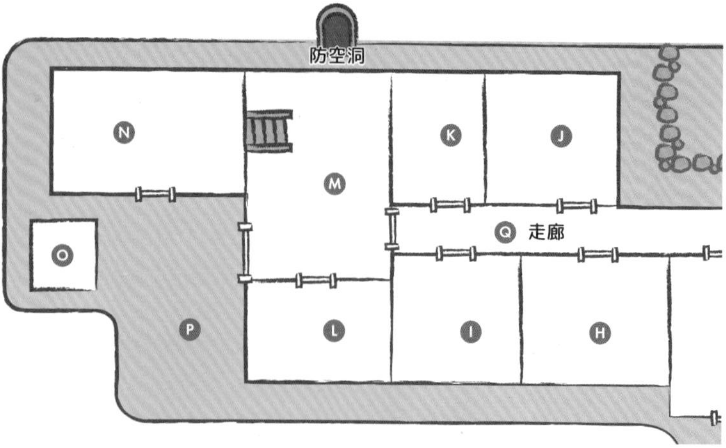

＊基隆市文化局提供

這塊空間的前段地板下都是空的，被我們拿來塞雜物。另有兩處樓梯，一處裝了紗門可通到戶外空地，另一處可通到廚房。
市政府新修好的房子完全沒有前段地板，直接做成「土間」。估計當時也是某一代住民依使用需要增建的。
如果想看這個空間當時的樣子，陳小春的MV《我愛的人》裡有一段有暖被桌的畫面，就是在這裡拍的。

Ⓝ廚房：廚房原有四口灶，一九八〇年代初外公增建新浴廁時，順便重修廚房，把四口灶打掉，重做一口灶，並建設新的瓦斯爐檯。可從飯廳走樓梯下來，也有一扇紗門可以通到空地。市政府重修之後，把這裡變成洗手間。

Ⓞ新浴廁：舊的浴廁功能不彰，一九八〇年代初耿家搬走後，外公乾脆在空地上重建新的浴廁，有浴池、洗手檯、馬桶。
市政府重修之後，這間浴室仍保留，還可以看到之前的浴池。

Ⓟ空地：這塊被客房、飯廳、廚房、浴廁包圍的空地，以前曾有一間廢棄的廁所，被外公拆了後蓋了新的浴廁。
空地是天氣好時曬衣服的地方，一旁有小水塔和水龍頭。若進了大門後不進屋，直接左轉，也可以來到這片空地。

Ⓠ走廊：玄關前的主要廊道，中間設有照明燈具，不過我從沒看它們亮過，所有面山側均裝上玻璃障子，白天時，屋子大部分空間的採光都相當好。

＊基隆市文化局提供

Ⓗ外公外婆房間：障子進出，房內有押入，對外有格子窗。
原本是媽媽和耿家女兒共用的房間，後來變成外公外婆的房間。

Ⓘ阿姨房間：障子進出，房內有押入，對外有格子窗。
阿姨出嫁前住的房間，之後成為我和姊姊的房間，我們的中學時光都住在這個房間裡。上大學後，我搬到客房，這裡就成為姊姊的房間。

Ⓙ爸媽房間：推門進出，另兩面是障子為牆，與戶外相隔。
我一出生就住在這個房間，後來我和姊姊搬到別間房間後，就是爸媽房間。

Ⓚ爸爸書房：額入障子進出。這間房間有爸爸的書桌和很多書及雜物，另有一張小床，除非爸爸在睡覺，基本上都不關門。
市政府重修後，才知J間、K間的外層亦為緣廊，中間以障子隔開，但我們入住時K間緣廊已有門隔開，J、K的面山側無法互通，其緣廊處均屬於各房間的一部分。

Ⓛ客房：障子進出，房內有押入，對外有兩面格子窗的邊間。
一開始是我們家的客廳；耿家搬走後，當作客房使用，供親友暫居；後來是我的房間。

Ⓜ飯廳：本來是我們家與耿家的共用空間，後來成為我們家的飯廳，有餐桌、冰箱、大壁櫃，過了幾年電視也搬來這裡了。

好羨慕可以住公寓

生於一九七〇年代中期的我，對人生最初印象的畫面大概是嬰兒的時候：我躺在一張大床上，眼睛睜得大大地看著媽媽或外婆幫我換尿布的樣子；那時還是布尿褲的時代，而我是個排泄力很強的嬰兒，外婆每天要幫我洗好多滿是便便的尿布。

房間裡有張嬰兒床，我不太喜歡睡在那裡，一放進嬰兒床就哭，睡大床就沒問題，反而是大我兩歲的姊姊，喜歡睡在嬰兒床裡。

家門一打開就是大馬路，且正逢彎道上，車速快，經常有車禍事故。家人很少讓我們出門和鄰居小朋友玩，姊姊是唯一的玩伴，我們常常一起畫圖、讀故事書。

姊姊去上幼稚園後，我就黏著外公或外婆，有時會跟著外公去港務局上班，或和外婆去豐稔街菜市場買菜，外婆總會順便買一袋養樂多、一盒中華豆花，或四個十元的紅豆餅（沒錯，這是當年的物價）給我吃。

有時家人都在忙，沒有人陪，我會趴在前院的牆邊看外面，家對面是清法戰爭的法國公墓，平日大門深鎖，在家外牆邊可以看到裡面的墓碑和樹，我常幻想和住在墓裡的人說話。

姊姊去上幼稚園後經常學以致用，下課回家常和我玩老師點名的遊戲，她演老師，我演小朋友，點的都是她同學的名字，我要負責喊「有」。她還把房間裡的牆和櫃子都當成黑板，拿彩色筆在牆上畫公主和房子，拿筆在木櫃上用力刻她同學的名字，家人看到後好像也沒有責備，牆上的畫直到某年過年大掃除時，爸爸才重新粉刷。至於木櫃上刻著的同學名字，一直到我們搬走前應該都還沒消失吧。

姊姊除了畫牆、畫衣櫃外，還畫我。記得有一天她放學回家後，叫醒正在睡午覺的我，說要幫我化妝，然後就用彩色筆幫我畫，嘴唇塗紅色、眼皮塗藍色、臉塗粉紅色，畫完還和我說很漂亮，帶我去照鏡子，而我也以為那就是大人所謂的化妝，在鏡子前看著沾沾自喜。

直到媽媽下班回家看到我，她的臉都綠了，姊姊應該是被罵了，

媽媽趕快帶我去洗臉，結果洗到臉都破皮，過一陣子結了痂才慢慢復原。畢竟是傷在我臉上，我始終難以忘懷，但長大後問起媽媽和姊姊，她們對以上種種往事都沒印象了。

＊＊＊

那棟房子的房間很多，玄關進來往右有兩間很大的房間，玄關進來往左有五間房間，在不同的年代，房間的用途和住民有些不同，而我也分別在不同的房間住過。在那棟房子裡和我共同居住過的有外公、外婆、爸爸、媽媽、阿姨、姊姊和我，另外還有耿家人及一些老太太。最少時有五個人，最多時大概有十個人。

房子的廁所是在玄關往右的走廊深處，推開一扇木門後，有兩間和式廁所，一間男生的小便斗；小時候還沒有現代化的管線，需要人工挑水肥，每過幾天早上就會有人來家裡幫忙處理。

木門的另一邊是一個洗漱空間，那裡有兩座洗手檯，還有一面頗有年代的大鏡子，一旁還有一些堆雜物的空間，下雨天時會把衣服曬

在那裡。

從玄關到這個盥洗空間要轉三個彎才能到，藏在房子右側的角落，家人一般不太會去那裡，因為格局遮罩，陽光不太進得來，總是很陰暗，不使用時也不會開燈。小時候總覺得廁所很可怕，雨天或晚上，常要鼓起勇氣用跑的，或是有家人陪，才敢去上廁所。

洗漱空間的另一側通往浴室，浴室的地面鋪滿復古磁磚，牆上有一個看起來相當古典的蓮蓬頭。蓮蓬頭的兩側各有一個水池，一個儲水用，另一個則是羅馬式浴池，而羅馬浴池旁有一扇小門。另外還有一個洗手檯。

這樣的浴室設備聽起來相當不錯吧，但打從我有印象以來，那個古典蓮蓬頭和洗手檯的水龍頭從來都無法出水，羅馬浴池也沒有供熱水的水龍頭。就洗澡的功能來說，這些設備均是裝飾，僅能另備熱水，而浴室的空間大，挑高也比其他室內空間高，門窗也多，每到冬天，洗澡時總是特別冷。

家人一開始是用電熱器煮水，不過曾因此跳電，在這樣的木構房子裡若是電線走火，後果不堪設想，於是後來就用煮熱水的方式來洗

澡了。可供洗澡的水量可不是開玩笑的，還好我們家有灶。

剛說到，浴廁在玄關進來往右轉的走廊深處，而廚房就在另一邊了——玄關進來往左轉的走廊尾巴。廚房裡有四口灶，還好有那些灶，可以煮出一鍋又一鍋的熱水，供大家洗澡沒有問題，只不過廚房和浴室各據房子的左右兩側，洗澡前，不只是要先燒水，還得把熱水從廚房的熱鍋提到浴室裡，想想真是大工程。

有四口灶的廚房空間想必不小，不過那些大灶除了拿來煮洗澡水外，大概只有端午節煮粽子，或製作外公外婆家鄉雲南的傳統料理豌豆粉時才會用到，且頂多用到兩口灶，其他兩口幾乎從沒看它被用過。廚房裡還是有現代化瓦斯爐，洗手檯也很大，另外有一張很大的桌檯可供備菜和置放各種調味料、鍋具。

要用灶就得要有柴薪，前院水池旁有一個露台，露台與地面之間的空隙塞滿了木頭，等到需要燒水時就可以拿去用。

因為一出生就是這樣的生活，覺得一切都是理所當然，從來沒有想過這棟房子為什麼會是這樣，有沒有什麼故事，只是很直覺、本能地過日子。

人類是會比較的動物，當有了對照組就會發現差異。爺爺奶奶那時住在台北通化街的公寓四樓，是很一般的三房一廳一衛格局。我們一家人平常和外公外婆住，到了重要的節假日，就會到爺爺奶奶家過節。

爺爺奶奶家裡的浴室，水龍頭打開就有熱水，浴廁就在房子的中間，從任何房間走到廁所都很近，洗澡也不會冷，上廁所一點也不可怕，這讓我相當羨慕。

還不識字時，我喜歡讀報紙有圖的地方，那時賣房子的廣告上都會畫房子的格局平面圖，我很喜歡看那個，想像如果住在那些房子裡是怎樣的感覺。爺爺奶奶的家就像是房地產廣告平面圖那樣的房子，這樣相當好。

當時不少親友來家裡參觀，他們總會說能住這樣的房子真好，既漂亮，又寬敞，住起來很舒服吧！每當我聽到這樣的話，心裡總是會想：「真的嗎？住公寓也很好啊，至少不會不敢去上廁所。」

傳說中的「李宅」

為什麼我們家能住到這棟房子，這完全是因為外公愛打牌所搭來的緣分。

引用一段二〇二一年五月版的維基百科介紹：此屋「位於台灣基隆市中正區中正路的日式木造建築，修建於一九三一年，原是基隆流水巴士社宅，二戰之後曾作為基隆要塞司令官邸使用，後來由李姓人家居住至一九九八年。二〇〇六年被登錄為基隆市市定古蹟；二〇二〇年在『大基隆歷史場景再現計畫』下修復完成，開放民眾參觀」。

在二十一世紀初，房子開始被注意時，它常被稱為「李宅」，也有報導寫到屋主是李姓商人，或以為我們家族有顯赫的身世，其實根本不是這樣。

外公外婆來自雲南省騰衝縣和順鄉，小時候就經常聽他們說起故

鄉的事。中學的地理課本曾教過中國人口分界線：從中國東北邊境的黑龍江省瑷琿一直延伸到中國西南邊境的雲南省騰衝，可大略分出中國人口區域上的懸殊分布，東南人口多、西北人口少，舊稱「瑷琿─騰衝線」。看到外公外婆的故鄉出現在課本裡，才知道騰衝原來是個有名的邊境城市。

外公外婆結婚後生了四個孩子，後來外公外婆到緬甸營生；外婆帶著當時年紀最小的媽媽同行，其他孩子留在和順鄉；外公外婆在緬甸生了一兒一女，不過女孩夭折了。後來外公先輾轉到台灣，之後才聯繫上外婆，讓外婆帶著媽媽從緬甸經泰國、香港，來到台灣。

他們剛到台灣時，先住在基隆太白里，外婆又生了一個女兒。外公退役後，曾幫基隆港務局局長煮飯，後來在友人建議下考進港務局當公務員；外婆則是家庭主婦，有時幫人家洗衣服賺點錢。

媽媽在台灣宛如長女，除了上學，還要照顧弟弟妹妹；初抵台灣時她讀國小六年級，鄉音很重，不會拼注音，不過她認真學習，很快地跟上了進度，初中還考上了當時的二中（現在的銘傳國中）。

小舅舅在十七歲時生病去世，外婆非常傷心，每天以淚洗面，看

到鄰居家和舅舅同年的年輕人就哭得更難過，身體也跟著生病。外公看這樣不是辦法，就決定搬家，那時先搬到安瀾橋（基隆市中正路、祥豐街口一帶）。

外公的興趣就是打牌，下班後常常不見人，幾乎都在打麻將。也因為打牌的關係，在牌桌上認識了耿太太。耿太太的先生是當時基隆要塞司令官姜司令的外甥，姜司令住在海外，請耿氏夫婦打理官邸，耿氏夫婦有一對兒女，除了自住外，也把用不到的房間租給其他人，那時候正好有空的房間，而外公也想再換住處，於是就和耿家租了房，外公外婆一家人就搬進官邸去了。

除了外公外婆家、耿家，還有另一戶潘姓人家也住在那裡，後來媽媽是從這棟房子出嫁。爸媽剛結婚時原本住台北，後來他們決定回基隆任教，就搬回外公外婆家。那時就只剩我們家和耿家兩戶，而我也是在附近的聖母醫院出生的。

小時候總是叫耿太太為耿奶奶，那時她經營日本舶來品買賣，常去日本採購。她很疼愛我，每次去日本都會幫我買許多衣服，把我打扮得非常好，帶我到處去玩，連打牌都帶我一起去，不知道的人，可

能會以為我是她的孫子。孫子？對，沒錯，我小時候長得很像男生，媽媽說以前她讓我穿裙子出門，結果常被路人問是不是太想要女兒了，才把兒子穿成這樣。耿奶奶總是買給我很時尚的小童裝，襯衫、吊帶褲、帽子、襪子都是Made in Japan，帶我去動物園、兒童樂園，買冰淇淋給我吃。託她的福，讓我過了很不錯的嬰幼兒時光。

耿家住在玄關進來右轉的大房間，那間房間有日式房子主要的「床之間」，也有緣側，拉開拉門可以直通戶外，相當寬闊。

我嬰幼兒時經常在那個房間裡玩，耿奶奶喜歡日本演歌，常會在房間裡聽到演歌的樂音，牆上還貼著演歌歌手的海報。我總是抱著洋娃娃或動物布偶，吃著橘子或餅乾，空氣中有耿奶奶常用的香水味。

耿家女兒出嫁、兒子外出讀書，後來經常是我們家和耿氏夫婦一起生活，吃飯各自開伙，日常互相照應。

一九八〇年代初，在海外定居的姜司令想要處理這棟房子，我們家本來和耿家約好一起找房子搬家，不過外公覺得這房子住得習慣，就把房子給頂下來，反倒是耿家在豐稔街買了一間公寓，全家搬走，這一棟大房子就剩下我們一家人住了。

直到一九九八年，收到軍方有意收回土地的訊息，我們也剛好找到適合的公寓，就搬離這裡。

＊＊＊

由此大概可以了解，我們家住進這棟房子，不過是牌桌上的邀約而產生的一連串故事。關鍵人物外公姓劉，並不姓李，至於會被叫「李宅」，是因為後來的戶長是爸爸，不過爸爸的工作一直都是高中老師，並不是「李姓商人」。

對於這棟房子被稱為「李宅」，爸爸有點不好意思，應該是「劉宅」才對，但恰巧外婆本姓李；雖然一切的搬遷都是外公的意思，不過外公在一九九二年就搬回雲南老家，外婆則一直和我們生活，操持家務，是家裡的中流砥柱；甚至在一九九八年搬家後，外婆的戶口還是掛在這棟房子上，所以這棟房子被定義為外婆的「李宅」，也是相當合情合理。

電視與電話該放在哪裡好？

現在回想起那時家裡有些什麼，印象最深刻的都是家人們興趣積累的各種物品：只要有書架的地方便擺滿爸媽大學讀哲學系時的經史子集和佛教經典，爸爸還買了不少《牛頓雜誌》；媽媽有一陣子去學古箏，於是有了古箏；媽媽在工作單位安排下去進修電腦，家裡也有一台二八六電腦。

我出生後，外公有少打一點牌，他的新興趣是學英文，訂購了每一期《空中英語教室》和《大家說英語》，除了準時收聽每天的廣播節目，還買卡帶來聽，每當我聽到那首〈Baroque and Blue〉主題曲，就知道外公又要學英文了，不能去吵他。

外婆則是喜歡在家裡光線好又通風的地方繡花，家裡有一個超群喜餅的鐵盒，裝滿她的針線工具，那些繡線好漂亮，但不能隨便拿來

玩。阿姨的房間裡總會有瓊瑤小說和國語流行歌的排行榜卡帶，而她最喜歡的歌手是鳳飛飛。我和姊姊的書架上有爺爺送的漢聲《中國童話》和《小百科》，這是當時最受歡迎的學齡兒童讀物吧！

* * *

爺爺奶奶家一直是對照組，在那個三房一廳的台北公寓，客廳裡有電視和電話，這是再正常不過的事。比起來，我們家對於什麼東西該放哪裡就很隨興。

印象中，家裡最早的電視是放在玄關進來左轉最底的那間房間，電視還有門，要把門拉開才能看，當然，也沒有搖控器。當時耿家還同住，飯廳是我們兩家共用的空間，所以飯廳旁的那間房間就成了我們家的小客廳，除了電視外，還有幾張單人沙發和茶几。那大概是我吃飯還需要大人餵的時候，至今還記得我在那個房間一邊看卡通，媽媽一邊餵我吃紅燒冬瓜的畫面。

耿家搬走後，他們原本的房間變成佛堂，家人去的道場會有一

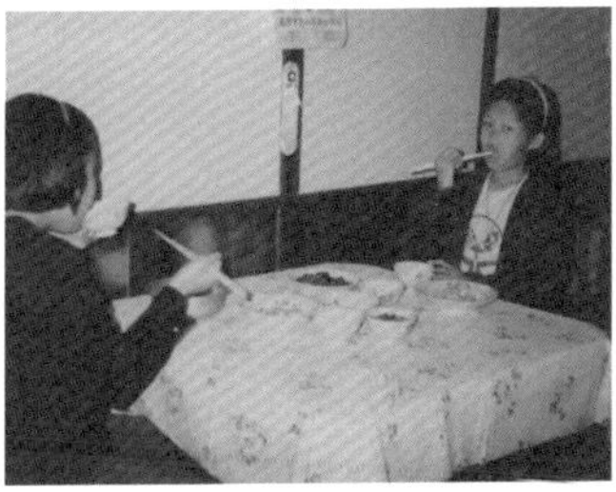

些老太太來家裡拜拜，考慮到老人家移動麻煩，有一間客房讓她們留宿比較安心，於是那間客廳變成了客房，而電視就被搬到當時全家最愛看電視的阿姨的房間。那時我已經是一個懂得看電視的兒童，家裡還沒有吃飯配電視的習慣，大家會在飯廳吃飯，然後去阿姨房間看電視；不過阿姨有時晚下班，回到家的時間大家都吃完晚飯了，她就會捧著她的飯菜，跟大家一起在她房間邊吃邊看。

阿姨房間原本有一張床、一張梳妝台和一張單人木椅，畢竟房間不像客廳，客廳有很多給人坐的椅子，而房間是讓人休息睡覺用的，大家要來這裡看電視，就要想辦法找位子坐，阿姨的房間也因此多了些椅子、板凳。

阿姨結婚後，電視就被移動到外公外婆房間，那時已是彩色電視且有遙控器的時代，全家人的影視生活圈就跟著移動。外公外婆房間有兩張床、一張書桌，除了可以坐在書桌的椅子上看電視外，其他人通通得在床上或躺或坐地看電視，現在想想這個安排還真不方便，且對身體健康不太好。

再過幾年，電視終於被移到飯廳，一家人總算可以吃飯配電視，

且可以好好坐著看，真是德政。

在那之後，外公先是買了錄放影機，讓我們租VHS錄影帶來看；他也偷偷接第四台，有了第四台，可以看很多港劇、日劇。那時候看了不少中山美穗、南野陽子、小泉今日子等人主演的日劇，還看了高嶋政伸早年代表作《HOTEL》系列，那時他的人設可是熱血正直好青年呢！後來的第四台還可以看到WOWOW，雖然聽不懂日文，也看了許多寶塚歌舞劇。

＊＊＊

除了電視，電話也是一樣。一開始還是那種黑色轉盤式電話，首先裝在外公房間，大家會站在外公房間的五斗櫃旁講電話。兒童們在成長期應該都會有對電話很有興趣的時候吧，我也是如此，那時經常打電話給一一七聽時間和一六六聽氣象，長大後發現許多朋友小時候都做過這種事，不曉得有沒有人研究過這兩組電話對兒童教育的貢獻呢？

小時候，只要電話一響，就想搶著去接，那時人們的電話禮儀都相當不錯，來電時不會直接說明要找的人，而是會問：「請問這裡是劉公館嗎？」、「請問這裡是李公館嗎？」剛開始我總會說：「沒有這個人。」就掛掉，後來才曉得那是一種禮貌用語。

外公房間平日是拉上拉門的，電話又擺在房間的最裡面，每次電話一響，就要奔跑、拉開門、再跑到電話旁接起來，沒有響五聲是接不到的。後來電話被移到爸爸書房，這間房間平常門一直是開著的，電話就放在門旁邊，去接電話方便許多。

不過上學後開始有同學間的社交，常會透過電話聊天，誰會想在爸爸書桌旁邊和同學聊天呢？還好後來可以裝分機，之後則換成了無線電子母機，和朋友、同學講電話就方便很多。

那時還是個會背出十組以上親友電話號碼的年代，不像現在，除了自己的電話外，誰的號碼都背不出來了。那時也是可以和朋友聊好幾個小時電話的時代，誰會曉得幾十年後，可以講很久的電話、不怕打電話和人聯絡，已經變成一種才華。

家有游泳池的美夢

住在這樣的房子，修繕是免不了的。一九八〇年代初耿家搬走後，外公決定來大興土木一番，之後還經歷過好幾波的修整。

首先當然針對浴廁。房子裡舊有的浴廁古老又陰暗，之前就修了好幾次；待耿家搬走後，外公乾脆找人重新規畫，把廚房外的空地重整，在那裡建一間新式的浴廁，有浴缸、洗手檯和坐式馬桶，安裝熱水器。

既然要施工，也順便把廚房重修，

整建新的瓦斯爐台，接上天然氣，把不太實用的四座灶台全拆掉，再重做一口新的灶，洗手檯也全部翻新，還買了新冰箱。

雖然對於維護古蹟來說這樣做是大大的破壞，但那卻是我們家重要的現代化歷程，並為我的人生帶來很大的光明。洗澡不用再燒水，水龍頭一打開就會有熱水流出來，上廁所可以坐在馬桶上，不用害怕，不用跑著去，真是再好不過！

但這棟新式浴廁是和主屋分離的，下雨的話，得撐傘去上廁所和洗澡，不過我一點都不介意啊！廚房也因為四大灶台被打掉而多了更多空間，而使用天然氣後，不需要一天到晚叫瓦斯桶，方便許多。

＊＊＊

原本房子的前院有一個日式水池，池內有一座小宮燈和山石造景，不過打從我有印象以來，這個池子都沒有水，就算是下過雨，也無法累積雨水，大人說那是因為池底有漏的關係。

外公一直覺得住木構式房子要有常備儲水比較安全，於是在修

完新浴廁後，便來改造那個日式水池。和施工人員討論抓漏的問題後發現，若要能有實際的儲水能力，還是得把整個日式造景打掉才行；於是決定把池子裡的山石和宮燈清出，池子盡可能拉平重整，鋪上磁磚，改成一個小型的游泳池。那一陣子我好期待這個改造，畢竟家裡有游泳池實在很炫。

這個美好的夢很短暫，池子剛修好時，外公曾在池子裡游了幾回，我也曾下水玩過，還買了冰淇淋、搬了躺椅，坐在池邊吃，享受自家有游泳池的人生。不過，若要維持水質，就得經常換水、刷洗，維護起來相當累及耗水。水池旁有許多植物，經常掉葉子到池裡，水面上也會漂浮各種小蟲，光是那一季，就花了不少力氣在維持，且會想要泡在水裡的夏天，很快就過了。

基隆的秋冬多雨，池子開始長青苔，還不到隔年的夏天，外公又有了新點子，不如來養魚吧！於是買了一些魚養在水池裡，每天早晚餵魚成了家人們互相叮嚀的事。

後來對水池的關注就很隨興，魚在池裡自由生長，家人們想到時就餵一下飼料，魚死了就撈起來，好像還再買過一、兩次魚來放養。

池子裡的水本來清澈見底，漸漸地變得越來越綠，就再也看不到底了。魚兒死光後，水裡多了許多蝌蚪，蝌蚪沒有長成青蛙，而是蝦蟆。偶爾會在院子裡見到一、兩隻蝦蟆的蹤影，除了偶有一些叫聲，沒有給我們的生活帶來太多困擾。一直到我們搬離那個房子前，水池的情況大概都是這樣：一個綠汪汪的蝦蟆池。

＊＊＊

基隆是個多雨的城市，只要雨下得大一點，屋子裡就有幾處會漏雨，要拿臉盆、水桶去接水。那時也很怕颱風，房子多面是緣廊，只裝著玻璃障子，沒有實牆，在我們住在那裡時，外牆戶袋裡防風雨的木門大都不在了。每次颱風來前，爸媽都很擔心，屋頂上的瓦怕被吹翻，那些玻璃障子不曉得耐不耐得了強風勁雨，爸爸只能趕快貼膠帶、釘木條，很認真地做防颱準備。

曾有過颱風時，除了爸爸外全家人到對面的公車管理處避難；

也有風雨飄搖的颱風夜，電停了，大風不斷打擊門窗，樹枝在空中飛舞，家人們擔心著若是山壁上的土石一個不穩崩落下來、或是雨太大引發土石流可就糟了，驚心動魄地過完一晚，等風雨停了才能去好好掃除整理。

每過幾年家裡就會有一番整修，除了剛剛說過外公進行的各種現代化改建政策外，也需經常翻修屋頂，請師傅來家裡檢查抓漏，估算修整範圍。修瓦的事一次比一次困難，隨著時代的推移，要找到與房子本來使用的灰黑瓦很相像的瓦片越來越不容易。

因為房子的整修，爸爸有時也會請木工師傅到屋子各處檢查一下木梁結構，雖然有些梁柱表面有一些白蟻侵害，師傅們無不稱讚這些木料的品質都是頂級的，一些蟻害不礙事，只要稍微整理就可以了。

有一次師傅們在修屋頂時，在屋頂大梁上看到「昭和六年」的木牌，應該是當年建設房子時上梁儀式的棟札，以此可做為這棟房子建於一九三〇年代的證明。來我們家修房子的工人們常抱怨接我們家的工程很賠本，像是有一次翻修屋頂時，才發現當年的建築很紮實，光得把舊有墊在屋頂夾層間的土給清理出來，並以人力挑走，就花了比

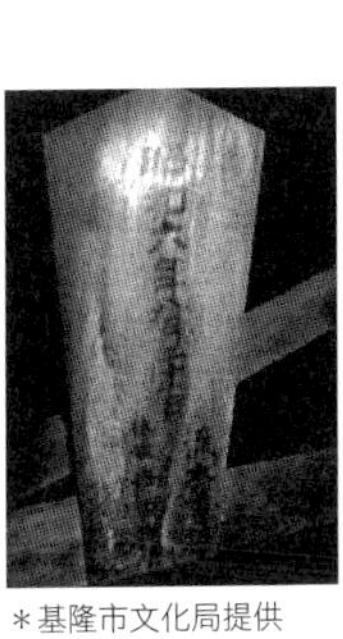

＊基隆市文化局提供

＊基隆市文化局提供

預計多了好多天的工時。

房子的後方山壁有一個防空洞，從外頭看進去非常黑，也相當潮溼，我們一直不敢進去。有一次家裡修屋頂，幾個工人對防空洞感到好奇，就和爸爸約好，帶上手電筒和頭燈，一起進去探個險。

據爸爸從山洞裡出來後形容，裡頭是伸手不見五指的黑，雖然是工人們起鬨說要進去，但卻是爸爸當先鋒，他們反而有點害怕地跟在後面，不過這場又怕又好奇的內心戲演不了多久，山洞比想像得要淺，還走不到十步就撞到牆了；工人們用頭燈巡視了一圈，發現洞內是一個T字型的小道，所有牆面均已砌上紅磚，中間沒有什麼腹地，如果以前就是這個規模，相信空襲時也躲不了多少人，頂多五、六個人在洞裡就會擁擠，頂多只能供住戶一家成員避難。

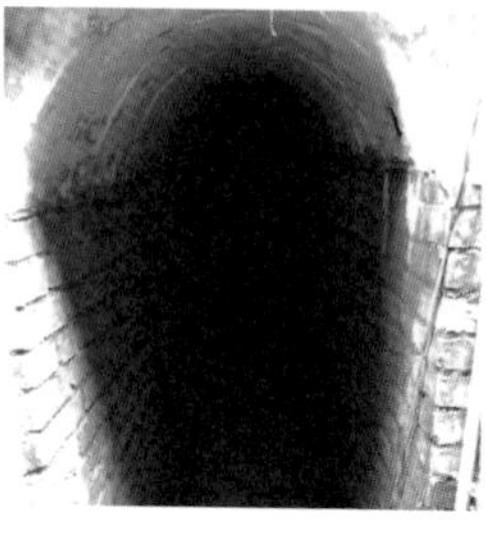

＊＊＊

住在這樣的房子，維護起來很花錢、花力氣，除了以上談到的大整修，每年的大掃除非常累人，各種障子紙有破損得重糊，玻璃破了得重裝，木格壞了也要重新釘牢，所有內部牆面過幾年就需要重新粉刷。颱風後留下的損害就要自己修理，家人修不了的就只好花錢解決。

這也是後來得知土地可能收回時，家人們對於搬家沒有什麼太多疑慮的原因，畢竟要照顧這樣的房子真有不少吃力之處。

隨興生長的植物們

住家有前院和後院，對現代人來說相當奢侈，不過對住在這棟大房子裡的平民如我家，並不是什麼太令人高興的事，因為所有的掃除、整理、修剪都要靠自己來。

我們家搬到那房子裡時，前後院已有許多植物，幾乎是沒有邏輯和規畫，有什麼就讓它長，也沒有按時澆水，反正基隆很常下雨。

我還記得前院有一株每年都會開花的小桂樹，也有一株偶爾會開花的仙丹花，有幾棵不高的松樹，幾株杜鵑花，還有一些我不太記得名字的大小植物。

有兩、三棵木瓜樹，家人說木瓜樹有公和母，公的不會結木瓜，母的才會，其中有一棵是母的，偶爾才會結出果實，不過不是每次都能順利地成熟，有些才剛長出一點，就被風雨吹落了。

水池邊還有一棵很高的芭樂樹，本來以為它不會長果子，不過從某一年開始也結果了，數量非常少，且都很澀、長不大，印象中只有一次長得又大又熟，摘下來後，家人們一起分食它，香甜可口。

不管是木瓜還是芭樂，每次結果就像是家裡的大新聞，一聽說有果子長出來了，每天都去樹前看一下，期待它能平安長大，如果能順利成熟收穫，就會找一個家人都在家的日子，像儀式一樣地一起分食那顆果實。

可能這些果樹都要有一些特別的照料，才能長出好果實，長在我們家被隨興地對待，實在不太好意思，不過沒有期待、沒有傷害，反而它們願意結果，讓我們有幸吃到，非常感謝。

＊＊＊

後院裡有一個磚砌的高台，一進玄關即可見，左右兩側被房舍的緣廊包圍，高台後就是山壁。據家人說最早時那個高台是個水池，但因下雨使山壁上的土石落下，漸漸使得水池淤積，累成了紮實的土

壞，還長出了植物。

一樣地，在我們搬過來前，高台上已長了一些沒有什麼邏輯的植物，東一棵、西一棵，家人也很放任它們生長，不過後來移了幾株生命力旺盛的非洲鳳仙，經常蔓延一片，開花時綠意盎然，紅花點點，生意蓬勃。

從屋子裡的走廊上隔著玻璃障子就能看到後院，視野非常好，也讓人一進屋就感受到明亮的採光。不過我們家並不會像日劇演的那樣，經常把障子拉開，坐在緣廊上吃西瓜，因為蚊蟲、蜜蜂實在太多了，唯有在整理院子或大掃除時，我們才會把玻璃障子拉開。

＊＊＊

雖然我們家沒有認真地栽培植物，但每年至少會整理前後院各兩次，主要的工作就是除草、剪枝，當樹木長得太過茂盛而攀上電線、或是可能在颱風天變成斷枝打傷屋頂，就會鋸掉一些樹幹，這需要全家人的分工合作，爸爸和外公負責鋸樹剪枝，媽媽和外婆負責除草、

清掃水溝落葉，我和姊姊也得幫忙整理剪下的樹枝草葉，把它們裝袋或綁起來，搬到家外垃圾車會來收的地方。

每一次的整理都是家裡的大事，家人們無不戴上帽子，換上長袖、長褲，戴好工作手套，備齊各種工具和垃圾袋，單個地方整理一次至少要一個整天，而每一次工作結束，外公就會去買一大瓶黑松沙士給大家喝，作為小小的犒賞。

之後每次去到有花園的地方，我總會想起和家人們一起整理院子後全身沾染上的泥土味，還有那只有在揮灑汗水後才會喝到的黑松沙士的味道。

＊基隆市文化局提供

貓的樂園、虎頭蜂的家

住在那麼大的房子裡，會不會想養寵物？我們家主動找來養的，好像只有水池裡的魚，不過魚只能在水裡默默生活，不會叫，也不能抱來玩，除了餵飼料後牠游來吃，沒什麼互動。除此之外，這房子還會有許多不請自來的動物，非常安穩地在這裡生活下來。

耿家曾養了一隻狗，叫「耿白莉」，我只記得牠是一隻白色土狗，牠在我幼稚園時，常偷偷跳牆出去玩，某次和別的野狗打架被咬傷，不久後就去世了。那時我還是個小矮子，這隻狗比我還高，我非常怕牠，等我漸漸長高，從卡通中了解到家中有狗的樂趣時，牠卻已病懨懨的，沒多久就死了。

我讀幼稚園前，有一隻黑白貓常常走進屋來，在飯廳的空地坐著，牠不怕人，你看牠、牠就看你，我常常和牠對看；牠來久了，我們就把牠當家貓，餵牠牛奶和飯，若一天沒出現，還會想說牠去哪裡了。我們沒有幫這隻貓取名字，但牠是和我們家保持最好默契的動物，連最後因為年紀太大體力漸衰，都待在我們家養身體。

除了這隻黑白貓，來我家拜訪過的野貓還有很多，牠們常常待在屋頂或是地板下的通風口，也會在屋頂上奔跑，有時候就在屋外的空地裡散步，甚至曾以為我們家裡沒人，兩、三隻貓直接跑進我家走廊內追逐，這棟房子彷彿是貓的樂園。

家人們似乎從沒有為貓的事困擾，黑白貓還在我們家駐居時，院子裡突然有一隻剛出生的小貓，一直喵喵叫好像很餓，我們就開始餵牠、養牠，幫牠布置一個小窩，每天定時餵牛奶。不過牠的身體不是很好，沒多久就去世了。

貓咪們在我家非常無拘無束，甚至是來我們家生小貓。

第一次是在前院水池旁露台下存放木頭的地方，有一隻母貓生了一窩小貓；第二次更誇張，母貓不知何時鑽到爸爸書房裡的木板床下面待產。爸爸乾脆把房間讓給牠，還輕悄悄地塞了很多破毯子到床下，關上房門不打擾母貓。等母貓順利生產後幾天，才想辦法把牠們帶出去。

＊＊＊

有一回，一隻猴子自後山跑下來，從窗戶裡探頭進屋內，外婆一揮鍋鏟，就把牠給嚇走了。那一陣子牠總會在房子附近晃來晃去，牠很怕人，人一出現牠就跑，沒人時就到處搗亂，花園裡的花都被牠踩壞了。

春夏之交，後院常有松鼠，家人看到松鼠來了，會切一些蘋果片，牠們叼了就跑。松鼠喜歡在山坡上的樹枝間盪來盪去，模樣很可愛。

因為房子靠山，又有花園和水池，家裡會出現蚊蟲、甲蟲、青蛙、蝦蟆都不奇怪，還有許多叫不出名字的昆蟲，每次整理院子，就會見到很多飛的、爬的蟲，有的還會咬人。

蟑螂這種居家常見的當然也有，外婆可是徒手抓蟑螂的行家，連在飛行中的都抓得住。壁虎、蜘蛛也很常見，每到夏天最讓我們緊張的就是蜈蚣，只要一出現，SOP就是先大叫「有蜈蚣」，然後大人們聞聲趕忙拿出鐵夾，最後把牠夾到戶外去。家裡出現過各種尺寸的蜈蚣，小學時，我的襪子裡鑽出一隻小蜈蚣，在我的腳踝咬了一口，真是超級痛，腳踝腫了一個星期才消。

靠近新式浴廁的那一側外牆，有一面雨淋板上有一個洞，洞裡結了一個蜂窩，每天都有蜜蜂在那裡進進出出，基本上家人們也習以為常，不做任何處置，只要我們小心不要去招惹蜜蜂就好。

過一陣子，水池邊的屋簷上有一塊很像泥土的東西粘著，外公一看就知道是虎頭蜂窩，那時屋子裡外都能看到虎頭蜂在飛，且牠們常常在人的旁邊繞著飛，彷彿隨時會叮人，外公就打了一一九請人來把它處理掉。後來在後院的屋簷下、新浴室附近的雨淋板上，都有過虎頭蜂築巢，處理虎頭蜂窩在我家大概也形成一套SOP了！

有一次就更可怕了，一大早起來，後院的水溝旁有一隻大概快兩公尺長的龜殼花趴在那裡，家人們都隔著玻璃看，從沒看過這麼大又一動也不動的蛇，好一會兒才回神過來打電話給一一九，請他們派專家來處理。我第一次看到大蛇，除了一點點害怕外，居然還蠻興奮的，還好蛇就乖乖地讓人抓走，沒有發生什麼意外。

家人在廚房、衣櫃、舊的浴室、前院，都曾見過蛇，不過多半是

小蛇，不像那隻龜殼花那麼大，每次蛇看到人就跑了，但看到蛇的家人總是心有餘悸。

那棟房子在山邊，建築結構上下都很暢通，又有前後院，除了我們家人外，彷彿有許多生命和我們住在一起，或隨時可以來拜訪我們，能在都市裡過著如鄉居般的生活，是成長中難得的經驗。

小偷來了

我們住在那棟房子時，是完全沒有冷氣的，因為房子的配電多半是舊式的，很怕跳電或走火，後來配電雖翻新過，但家人還是會擔心，就一直沒有裝冷氣，印象中小時候也沒有那麼熱。不過後來天氣越來越熱，夏天變得比較難過一些，還好屋子裡很通風，加個電風扇還是可以的。

還有就是隔音的問題，房子對外全都是玻璃窗，而外頭的中正路是通往濱海公路、宜蘭的主要道路，車流量非常大，各種車子行駛中的引擎聲、喇叭聲不絕於耳，不過生活久了，也就習慣這樣的音量。

在這樣四通八達、無鐵窗的房子會不會擔心安全，會不會怕有小偷？因為一出生就住在這裡，所以沒有特別的擔心和緊張感。反而是小學有一次回台北爺爺奶奶家玩，剛好遇到了小偷上門。

那陣子爺爺奶奶家買了VHS錄影機，那晚我們陪叔叔一起看了梁朝偉版《鹿鼎記》的完結篇，隔天爺爺和叔叔要帶我們去烏來郊遊野餐，冰箱裡還特別準備了許多食物和飲料。晚上我們在其中一間房間打地鋪，結果半夜裡我醒來，正好看到門縫下有一陣光，應該是有人打開冰箱，我以為是叔叔晚上口渴來找東西喝。

隔天早上，家人們發現昨晚遭小偷了，鐵門被撬開，錄影機和還放在機器裡的《鹿鼎記》最後一集一起被偷走，還有冰箱裡新買的蘋果西打。我才回想，昨晚門縫傳來的冰箱燈，應該是小偷啊！爺爺和叔叔還是帶我們去烏來玩，但回家後叔叔還得去錄影帶店賠償無法歸還那支錄影帶的費用。

我以前以為公寓被包得緊緊的，沒有後門，還有鐵窗、鐵門保護，應該比較安全，沒想到小偷還是強行直白地闖入。這樣比起來，日式房子實在太無防備了，那個時代沒有監視器這種高級設備，房子所有的圍欄都是木頭和水泥牆，而每個門的鎖都是勾鎖。以前和家人出門回來，如果忘了帶鑰匙，剛好也沒人在家時，家人只要翻大門旁的牆，馬上就可以進門了，連還是小學生的我都翻得過去。

＊＊＊

不過小偷登門的事後來還是發生了，且與我正面對決。高中時，我和姊姊住在原本阿姨的房間，我睡在上下鋪的上鋪，那時姊姊讀大學，在台北租屋，經常不在家。有一晚，我一人在房間裡睡到半夜，一直聽到敲門聲，我以為是天亮了，媽媽來叫我起床。房間的門有一片毛玻璃，如果是媽媽來敲我房門，毛玻璃會有人影；我直覺地看了一下門上，沒有人影，再聽了聽聲音，不對，是從另一邊傳來的，我起身看向窗，天啊，正有一個人趴在我們家窗上猛敲，想要闖進來。

這個人不僅在敲打窗戶，嘴裡還唸唸有詞，大概是抱怨怎麼這麼難敲。我偷偷瞄了一下，還沒有敲下任何一塊格子窗，是不是該在他還沒有破壞得很嚴重時先阻止他比較好？如果格子窗被破壞了，接下來紗窗和玻璃根本更無法阻擋。

想到這裡，我馬上起身跳下床，站在窗前大聲罵他，結果這個人似乎嚇了一跳，就跑走了。我接著叫醒家人，爸爸出去找時已看不到他。

隔日檢查門窗，我房間外的木窗框似乎沒有被破壞，只是在戶外浴室裡剛買的一瓶沐浴乳不見了，估計這位小偷還是要謹守偷兒本分——「一定得拿走一樣東西，不然會倒楣。」後來我和人說起這件事時，經常會聽到這個「小偷守則」的都市傳說。

後來自我檢討，我晚上睡覺都忘了拉上窗帘，窗外大可對房內一覽無遺，偷兒上門當然會選我這間下手，方便他邊破窗邊掌握房內狀態；不過，我高中時留長頭髮，而小偷來的那天我穿了一件小碎花的白色長睡衣，當我從床上跳下來，眼色矇矓、手舞足蹈地朝外咆哮，要想像成是貞子一樣的角色也不為過，可能小偷覺得我比較可怕吧。

我有段時間生活上常會感到恐懼，畢竟敵暗我明，我不曉得小偷是誰，但小偷要觀察我們家人出入動態相對容易；從此以後，我晚上睡覺都會記得拉上窗帘。

我的通靈耳朵

基隆的許多老房子常有著是鬼屋的都市傳說，其中以市區的林開群洋樓最有名。小學時同學間也流傳著中正區有好幾棟房子是鬼屋，我也跟著以訛傳訛，在經過那些房子時，還探頭探腦，想說不曉得鬼長什麼樣子，什麼時候會出現？殊不知，到了國中後才知道我家也是傳說中的鬼屋。

明明是我家，卻被以為是鬼屋，總覺得對方這麼說有點失禮，不過我也一樣把別的房子傳成鬼屋了，算是可以了解大家將一些話題談資傳來傳去的八卦心情。但若要問起住在那房子裡有沒有什麼特別的經驗，倒還真的是有。

＊＊＊

其實，我小時候耳朵還蠻靈敏的，經常可以聽到一些不屬於目前物理時空的聲音。

幼稚園我只上半天班，中午放學後回家吃完午飯，就自己在房間裡玩，那時只有外婆在家，她正在廚房洗碗。我和她距離很遠，除非很大聲叫，不然聽不到對方的聲音。

我在床上躺著想要午睡，突然間房外傳來有人講話的聲音，我聽了一下，是男生的聲音，年紀聽起來不是年輕人，講的好像不是中文，我完全聽不懂；過沒多久，落地窗外又傳來另一個聲音在說話，聽起來像是比較年輕的女生，我一樣聽不懂。女生說完後，男生的聲音又響起，兩人似乎在對話，男生的聲音再講了一段，聲音就停了。

最初男生聲音一出現，我就專注聽著，原本是想「有人來我們家嗎？」、「那是誰？」但發現都是些聽不懂的話後，我就愣住了；接著女生聲音傳來，我又試著想要聽懂他們在說什麼？不過還是聽不懂。

等這段聲音結束，我衝出房間，看一下落地窗外、看一下門口，還往那方向巡了一圈，都沒有人，於是往外婆在的廚房方向走，外婆仍在廚房裡忙東忙西，我問外婆：「剛剛有人來我們家嗎？」「沒有啊！」

外婆剛剛也沒有離開廚房。「那麼我剛剛聽到的聲音是誰呢？」

那時我沒有想太多，也不會害怕，接著又回房間玩，之後也沒和家人說。後來，類似的聲音（明明沒有人，卻突然傳來一陣聽不懂的話）偶爾會出現，印象比較深的是在浴室外的對話聲。

中學某晚，我在浴室裡準備洗澡，家人們已各自回房休息，離我最近的應該是在房間裡的姊姊，那時浴室門外的空地突然傳來女生的聲音，接著有個男生回話，一樣是聽不懂的內容，我打開門向外看，沒有人，門一關起來，聲音又開始，我心想：「又來了。」聲音聽起來和小時候聽到的不太一樣，可能是不同人。我沒想太多，等了一會，確定聲音停止後，就開始洗澡。之後，偶爾會再聽到這個組合在對話，心裡也不害怕，於是就這樣了。

那棟房子空間很大，只有前院外的山坡上有一些公寓，不過我們的生活空間多在另一側，基本上我們不會聽到鄰居的聲音，也不會聽到別人家的電視聲。反倒是有一次，警察來我們家按電鈴，說有鄰居報警說我們家太吵了，是在開Party嗎？可以注意一下音量嗎？當時明明家人們都在房間做自己的事，甚至連電視也沒開，去開門被警察這麼一問的我，真是滿臉問號。

我都把那些聲音當作這塊土地原住民的聲音，是不是真的是原本的住民，或是沒有形體的外星人降臨，或是神佛，還是鬼靈，我也無法深究，所以一直保持著不多做臆測的平常心。

＊＊＊

聽不懂的聲音不太會困擾我，聽得懂的反而會受到影響。有一段時間，我常在屋子裡聽到哭聲，那聲音大多像是家人、或來過我家的親友的聲音。這些哭聲一旦開始，就會持續一段時間，除了暴哭外，還會講自己的委屈或擔心的事；但每次我聽到聲音，當事人並不在我身邊，可能人根本不在家裡，或是離我很遠，而我去看他們時，他們都跟平常一樣，沒什麼異狀。

因為是認識的人，講的是我懂的語言，甚至訴苦的是我知道的事情，且是大哭那種很深刻的情緒，聽著聽著總會覺得特別難受。

那種有點失態的暴哭，完全無法介入，也無法與之對話。我曾經在聲音響起時，跑遍全家想要找到聲音的來源，但哪兒都找不到，只能等聲音慢慢停下來。事後我也無法去和當事人說，畢竟那實在很奇怪，那情緒太強烈，當事人可能自己都不知道自己有這樣的感受。

每當聲音傳來，我只是邊聽邊等聲音停下來；之後再見到那個人，有時會想起他們哭泣時說的話，然後想著：「原來他有那樣的心事啊！」就像是在我的記憶庫裡，幫那個人的檔案夾裡加了一個附加檔案。

小時候我完全不曉得要怎麼理解這件事，那時候也沒有「幻聽」這個詞可以自我解釋。後來我透過一部二〇〇六年的日劇《照耀明天》（てるてるあした）裡福田麻由子的角色，了解到原來日本有「生靈」的說法，就是活著的人的靈魂展現（為了小說或戲劇效果，生靈多半有非常強烈的情緒或執念），我想我聽到的大概就是生靈吧。這些聲音確實情緒強烈，且言語的內容有不少執著，不過，聲音的主人們生活都過得好好的，也沒有太大的不順利，我只是剛好聽到了而已。

＊＊＊

與聽到聲音比起來，去舊廁所比較讓我害怕。家裡許多地方都很明亮，唯有舊浴廁非常陰暗。下雨天時，家人會把衣服曬在洗手檯旁的空間，每次上完廁所走出來，就會看到曬在那裡的連身洋裝或長袍，好像是一列沒有頭的人排排站，讓我全身發毛。後來只要知道那天又曬著這類衣服，上完廁所後直接跑就是了。

還好後來有了新浴廁，免去很多不必要的恐懼，不過還是有去那裡的需要。前文說過，浴室裡還有一個小門，門打開後會來到一間被我們稱為「柴房」的空間，那裡幾本上都是堆一些木材和不用傢俱的空間，沒有燈。除了可從浴室進來，柴房還有其他兩扇門，一扇門通往前院，另一扇門則通往外面的斜坡，算是我們家的後門。

原本我們家的正門有一個投郵孔，郵差會把信投進那裡，只要去門口就可以取信；但從某一天起，郵差似乎知道了家旁斜坡上的投郵孔，也一樣是我們家的，就在送信給斜坡上的住戶時，順便將我們家的郵件投入這個柴房的門裡。這使得我們家每天要有人去那個黑暗空間拿信，如果是我去的話，都是用跑的。

我總覺得那個空間的黑暗很有深度，似乎還有其他空間同時存在

於那黑暗裡。搬家後，我仍經常夢到那個地方。

＊＊＊

耿家搬走後，他們家住的房間改為佛堂，而玄關右轉的房間變成大客廳，家人們每天會去佛堂拜拜，不過除了拜拜和打掃，平時不會有人；而大客廳除了有客人來，或是需要較大的桌面寫書法、做勞作時才會有人用。平常我們幾乎都在玄關左轉的區域生活，大家的房間都在那裡，吃飯、看電視、洗澡、上廁所都在左邊；而右邊是神靈之境，是有客人來時才用的非日常空間。

除了我的耳朵常聽到奇怪的聲音外，據常來我家的老太太們也說，她們會在佛堂拜拜時，聽到走廊有腳步聲。走廊鋪著木板，只要有人在走廊走路，都會發出聲音，我們通常也可以由腳步聲辨別是誰在走廊；老太太們聽到腳步聲，也會以為是家裡的誰誰誰回來了，但後來發現，除了在佛堂裡的人以外，剛剛家裡根本沒有其他人。這種情況還不只一次，不同的老太太都說過這樣的事，那麼那時經過走廊

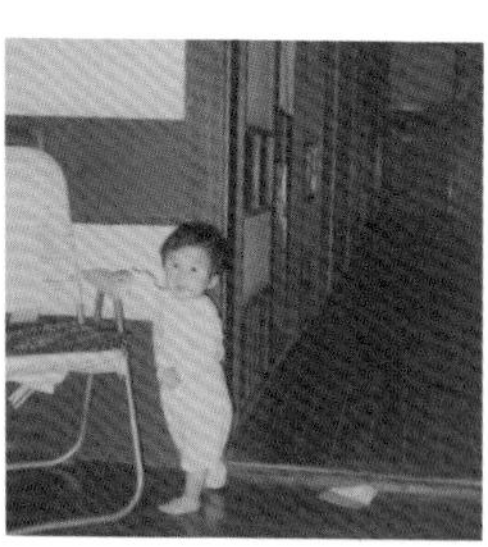

的人到底是誰呢？

我也不曉得那是誰，但我相信肯定有些什麼。

小時候看電視和電影時，我曾被其中的人死掉變成鬼後出來嚇人、或去鬼屋探險這類的畫面給嚇到，晚上睡覺還會作惡夢；但由於從小耳朵經常聽到其他聲音，且因為在聽到的當下，心裡並不害怕，於是大腦就設定了那是不可怕的事了。好吧，我也不太懂這是什麼邏輯！

家人有深厚的宗教信仰，我小時候就經常聽說教義裡的天堂地獄、佛神人鬼，有別的世界存在的宇宙觀，對我來說就像呼吸一樣自然。後來有一次在第四台的日本綜藝節目裡看到一個通靈人受訪，通靈人說他可以識別出大街上行走的路人哪些是人、哪些不是人，他有時會特意去和那些不是人的靈體打招呼，靈體還訝異說怎麼自己會被認出來。那位通靈人說：「看到不是人的靈體不用驚慌，可能就是有空間重疊了，它剛好在那裡就是了，就像你在路上也不會特別對路人有什麼反應，只是你走你的路，他走他的路，如此而已。」

當我看到這個通靈人的說法，好像得到了答案，我會在舊家聽到這麼多聲音，就剛好只是空間重疊而已啊，是很正常的事，是吧！

後來的事

我們是一九九八年搬離那棟房子的。如前文所說，雖然這棟房子的梁柱非常堅實，但每天承受風雨日曬，尤其夏天的颱風和冬天的東北季風天天下雨，屋頂經常需要修理。有時只是請工人來幫忙看看一個漏水點，一檢查下來才發現更多待修整之處，而修理費總是很貴；再加上颱風來時常會夾帶山上的土石流，家人總是擔心若土石流太嚴重會影響居住安全。

一九九七年左右，經常聽到軍方要收回那一帶日式建築土地來蓋國宅的風聲，印象中也有收到一些相應的文書，爸爸還去參與了幾次協調會。外公在我高中時便回雲南老家定居，阿姨也早就出嫁；那時住在那房子的就是外婆、爸爸、媽媽、姊姊和我。

一直知道我們只是頂了這房子的地上使用權，並沒有土地的權利，於是隔年年初，我們開始思考搬家的可能，我留意起報紙上賣房子的廣告，剛好看到一則位在市區田寮河邊的物件，空間描述就是我們需要的房型，且位置相當不錯，家人去看了房子後，馬上決定搬家。

那時我大四，正準備考研究所，大部分的時間都住校，家人讓我好好準備考試，不用回家幫忙整理，於是我趁某個週末先整理了一下自己的東西就回學校；下一次再回家，就要回新家了。那時我心裡有著還沒好好和那房子說再見的掛念，還好研究所如願考上，不然應該會更惆悵。

雖然我們搬走了，但外婆的戶口還是留在那裡，也還有許多家具和雜物留在房子裡，爸爸有時會去那裡整理，再一批一批帶回來。媽媽有個學生在唱片公司工作，想找可以拍MV的地方，來和媽媽商借，之後李心潔在一九九九年夏天發的專輯《裙擺搖搖》有一首〈又下雨了〉的MV，就是在那房子裡拍的。

爸爸每次回那房子裡，都感覺到房子一沒人住，老得更快，且軍方要改建的計畫完全沒下文；再加上留在房子裡稍微值錢的東西常常被偷，媽媽的古箏、一些看起來比較高級的套書和餐具都不見了。爸爸擔心這樣下去不是辦法，如果有人可以照顧這個房子，應該比較能維持屋況。

＊＊＊

剛好那段時間「雞籠文史協進會」和我們連繫上，爸爸便把房子借給他們。協進會在那裡辦公時，聽說也曾短暫地開放一間房間讓藝術家駐村創作。同時也會借為拍戲之用，像是二〇〇二年何潤東、陳怡蓉主演的《雪地裡的星星》，何潤東的家就在那裡取景；而二〇〇四年林佑威、安以軒、吳孟達合作的《王牌天使》，劇中吳孟達一家人便住在那個房子裡。

除了拍偶像劇外，房子也會被借去拍歌手的MV，二〇〇一年陳小春的〈我愛的人〉就在那裡取景，這部MV裡可以看到當時的飯廳；而二〇〇二年劉德華〈親愛的媽媽〉則可以看到後院和浴室前的空地。記得那時候7-11關東煮也曾去那房子裡拍廣告，廣告是在玄關內擺了一個大木桶，有女明星在那裡熱呼呼地泡澡。當時借那房子拍攝的各種影音紀錄不少，上述這些是我們有被通知或後來看電視認出來的，或許還有其他的也說不定。

來這裡拍MV和偶像劇的都是大明星，沒想到我們搬離後，他們就紛紛來我家了。非常感謝他們的拍攝，用流行文化記錄了歷史，透過這些影片上檔或發行的時間，大概可以推算出那棟房子在某個時間時的屋況和內部模樣。

「雞籠文史協進會」入駐後曾爭取到經費修築後院山壁的擋土牆，不過漏水的情況還是經常發生。二〇〇五年，由於房子維修不易，費用太龐大，於是協進會決定遷出。房子沒有人使用後，就壞得越來越快了。

＊＊＊

二〇〇九年後，我經常在基隆散步，週末偶爾會走路去舊家看看，有一天門口突然多了一塊牌子，介紹這棟房子是「基隆要塞司令

官邸」，我看到這樣明確的名字，才意識到我小時候住的家並不一般，有著特別的身世和歷史淵源。

對我來說，散步去舊家就像是去拜訪親戚長輩，每次去只覺得它老得更快了。在那之後，許多地方文史工作者也不捨房子一直塌敗，漸漸有了搶救這棟房子的聲音。

對我們家人來說，這棟房子和我們有深厚的感情，但要一直維持它非常辛苦；既然已知成住壞空的變化，雖難免感到遺憾，但心情還算淡定。我每次去看它也沒有太多情緒，就是去陪它而已。我很感謝那時社會上的各種關心，但總覺得要修復這房子談何容易，包括土地的協商，還有拆房、修房等林林總總，費用肯定驚人。

直到林右昌市長上任後，市府團隊開始和我聯繫，那時已有規畫要重新考察修建那棟房子，請建築師重新畫圖，也希望我們家能提供一些照片，讓他們參考。

那時我們協助了相關工作和紀錄片拍攝，但還是覺得這計畫應該很難執行，畢竟花費太高；後來，聽到舊家被納入「大基隆歷史場景再現整合計畫」的消息，也了解文化部大力支持這個計畫，得到了相

關預算，接著就陸續有施工相關的消息。

在那之後，只要有相關報導上了新聞，就會有各方朋友傳給我；到了二〇二〇年，原本的「基隆要塞司令官邸」修復完畢，再度現身在世人面前。我們家被邀請參加記者發布會和紀錄片發表等活動，也配合行腳節目介紹這棟房子。

修復的工程是以原本的地基、日式建築通例的工法和市府掌握的各時期史料為依據，儘量回復到第一代流水家時的模樣。這使得如今恢復原貌的房子有一些地方和我們住的時候不太一樣，比如說：水池旁沒有了露台，緣廊外就是脫沓石；我小時候害怕的柴房消失了，廁所和浴室直接能照到陽光，變成採光良好的空間；房子保留早先的木色，而不是後來的綠色。飯廳裡一半的空間不見了，也沒有廚房，雖然知道那可能是原本最早的設施情況，且我們當時利用的空地應該是後來的人自行加墊的，但少了那塊地方，還是有點不太習慣。

不過我們家習不習慣，一點都不重要。重要的是，房子是需要有人使用的，沒有人走動的建築很容易壞掉。這塊土地上的這棟房子又被重新修建回來，比起以前，它有著更深刻的文化傳承使命，記錄

了沙灣發展的歷史：日治時期繁榮的觀光區、國民政府時的要塞司令官舍，及之後的一般市民生活……，希望透過這棟房子前住民的生活往事回憶，加深大家對這棟房子更多立體的想像，然後一起在這棟建築裡產生新的故事，讓建築的生命可以長久延續。

*

*

*

※本跨頁照片中標示＊皆由基隆市文化局提供

＊

＊

＊

＊

*

*

※本跨頁照片中標示＊皆由基隆市文化局提供

＊

同行二人

PART 2

成為基隆走路人

生活版圖的構成

我在祥豐街的聖母醫院出生，之後讀聖母醫院旁的亨利幼稚園。幼稚園畢業前，我的生活版圖就是安瀾橋到我家這段五百公尺的範圍，有醫院、診所、文具店、超商、郵局、菜市場、髮廊，也有我喜歡的燒餅豆漿店、紅豆餅攤、饅頭店。

人類是有銘印效應的動物，最初吃到的口味往往變成永恆的鄉愁。當時安瀾橋的小吃定義了我的味覺喜好，那些小店通常是外省爺爺經營，麵食很厲害，燒餅要酥厚，饅頭必得紮實有嚼勁，紅豆包子肯定是麵皮薄Q、豆餡帶皮又有沙沙感。

＊＊＊

小時候總是羨慕姊姊，她去上幼稚園時，我覺得那件可以別上手帕的圍兜兜很酷；當她上小學時，我覺得有很多字的課本看起來很有學問，還有國語練習本可以一直寫字的認真感很迷人，我也吵著要一本練習簿，請大人出功課給我寫。姊姊總是走在時代的前面，幫我預習接下來的人生。

我幼稚園時，姊姊讀小學，那時候姊姊和我常玩一個無聊的小遊戲，叫做「誰的學校名字比較厲害」。

姊姊唸中正國小，我讀亨利幼稚園，我們常常在比中正和亨利哪一個名字比較棒。舉人物來說，「中正」有蔣中正就已經贏了，在姊姊小學、我幼稚園的一九八〇年代初，蔣公中正還算是個偉人，學校到處會有他的相片和銅像，我們還會為他的生日放假；只有幼稚園等級的我，只認識《國語日報》上的小亨利。蔣中正和小亨利，民族英雄和漫畫小朋友，加上姊姊比我多讀過兩年書，好像比較厲害，她說的應該是真的，所以中正獲勝。

舉地名來說，中正更是大大地贏了，那時候我家剛好住在中正路上，家人帶我們去過的中正紀念堂，基隆著名的中正公園，都以中正

命名；幼稚園等級的我不知道任何亨利的地名，只好在爸爸書房中的中國大陸地圖上睜大眼睛找，可能是在西南地區的某個省分吧，總算發現了一座山叫亨利桃梁山，勉勉強強混過去，但這座不知道在哪裡的山，又怎麼可以和每天住的街道，最喜歡去的公園相比呢？亨利於是又輸了。

等到長大了，念了點書，才發現世界上的亨利比中正不知道多了多少倍。或許在台灣，中正讓人覺得無所不在，但是以世界角度來看，亨利肯定更有知名度啊！

＊＊＊

讀小學後，生活版圖得以向三沙灣延伸，以當時的腳程，走路要二十分鐘，坐公車約四站，一開始不是爸爸騎車載我們去上學，就是坐公車去上學，後來乾脆就都走路去上學。

雖然國小附近有熱鬧的市場，也有許多在地人喜愛的有名小吃，但從家出發走到學校的路，有一大段都非常無聊。我得先經過海門天險大門，沿著往海門天險圍牆前進，接著經過名為「復興館」的海關宿舍區，接上中船路一一二巷，才會來到學校附近熱鬧的地方。

那時候在抵達中船路前的路程常會讓人產生孤獨感，旁邊是山壁和圍牆，隔著車流量多又快的中正路，對面是清法戰爭公墓、民族英雄公園和一些破舊矮房，接著是好幾架橋式起重機的高大身影。

這段路在當時沒有鋪設人行道，通常也沒有什麼人會在這裡走路，不過偶爾會有貨車停在那裡賣第四台解碼器及我不知道要怎麼用的機器，我只能靠著馬路邊邊持續前進，一邊得小心隨時會靠近的快速車流，一邊卻又望著對面的橋式起重機。

快又多的車流產生的聲音和視覺效果，給人一種相對緩慢、配不上實際速度的疏離感；高聳的橋式起重機像是神祕高大的機器人，為不知名的祕密組織服務。而這些就是我六年來的通學風景，對小學生來說，好像太魔幻了點。

小學同學大多住在復興館到義二路這段距離內的街道巷弄或山坡上，那時也是靠去同學家玩，延伸我的生活版圖。

＊＊＊

在基隆，如果想要讀比較好的私立學校或是國中的實驗班，小學六年級就要去參加各校舉辦的入學考試。那時爸媽都在基隆有名的私立中學教書，姊姊以優異的成績考上，每學期領第一名獎學金。家人覺得我理所當然要讀那間學校，不過我小學高年級時很愛玩，沒有在讀書，最後僅能勉強低空飛過入學。

學校管理很嚴格，一切升學導向，許多聯考不用考的科目都沒有上過，國三還要留校晚自習，放學後能看一下下電視、聽聽廣播，就是很大的娛樂。學校位在祥豐街的山上，比我小時候的生活圈再遠一點，走路大概三十分鐘，經常是走路上下學。

我的生活版圖沒有什麼長進，不過還是有點小突破。在校風強硬培養的讀書風氣下，同學們週末都會約在文化中心的圖書館讀書，中午休息和結束後會去街上逛逛，使我和市區的街道更加熟悉。基隆人很習慣說「街上」，指的是基隆火車站到廟口、田寮河這一區，是基隆最熱鬧的地方。

讀私立學校的特色是不受學區限制，同學們來自基隆四面八方，雖然那時候沒有去同學家玩，但因此讓我認識了基隆的許多地名、路名：東信路、西定路、復興路、安一路、中山一路、大華二路、碇內、獅球路、暖江橋……，許多街道我以前從沒聽過、去過，不過在我的記憶中會把這些地名和住在那裡的同學名字連結起來，以一種虛線的方式擴充我的基隆生活版圖。

＊＊＊

國三時成績約在全班中上，我選擇參加北聯考試，考上內湖的高中，這所學校在當時還相當年輕，是北聯所有學校離基隆最近的，且有直達校門口的國道客運，早點出門不塞車，半小時內就可以到學校了。那時我是班上唯一的基隆人，不過國中同學也有人考上這所學校；從基隆通學的人，前後屆加起來約二、三十人，會一起等車，大多彼此認識或面熟，週末時也會一起去文化中心讀書。

大概從那時候起，我的基隆生活版圖就停滯了，在基隆時除了待在家，就是去文化中心讀書、廟口吃東西，如此而已。反而對台北的認識快速成長，高中同學來自台北市和台北縣，她們居住的街道地名讓我擴充了許多連結，和她們相約理所當然地在台北的繁華街區，東區、西門町變成逛街的首選。

大學和研究所在木柵讀書，住在學校宿舍，比起住南部的同學，基隆離木柵算是很近，一個月至少回家三次。寒暑假很充實地過，參加社團出隊，在補習班打工，和朋友見面也在台北玩，生活圈變得更台北了。

邊緣症候群

由我過往的生活版圖看來，二十幾歲前的我對於基隆的認識很貧乏，最熟悉的路，就是通學路線，及我家到火車站間的路。大學畢業時，我家搬到基隆市區，廟口成了從基隆火車站回家的必經之地，一個L型的夜市，一下下就走完了。

中正公園、望幽谷及和平島，是小時候放寒暑假、大人覺得該帶我們出去走走時，會被帶去的地方。對我來說，中正公園是可以盪韆韆、套圈圈的地方；望幽谷是一個可以在山上平台看到海的地方；而和平島公園就是一個海蟑螂很多的地方。

本來對於這種貧乏不以為意，直到有一天，有位外地朋友來基隆旅行時問我：「基隆的特色是什麼？」一時之間，對這問題無法精準回答，只是隱約想著：「我覺得……基隆人對於如何去台北很擅長。」

今日網路資訊已如此發達，但許多非基隆人初次聽說要去基隆，第一個反應就是要搭火車；事實上，基隆與台北間的交通非常方便，除了火車外，有十幾條客運路線，班次密集，可從台北市、新北市的各處到達基隆。除了這些客運車班外，還有叫客計程車支援著，就算是尖峰時間或深夜，都有辦法不花太多錢、坐著舒服的位子回基隆。有些地點日常所需的單程通勤時間，不塞車的話只要二十分鐘就到了，比台北市內的移動還要快。

非基隆人無法理解這些交通運作，但這對基隆人卻是生活必需，基隆人自然很擅長。

發現自己居然回答出基隆人的特色是「很會去台北」，讓我錯愕了。後來理解到之所以想不出基隆的特色，不是因為基隆沒有特色，而是因為我對基隆太不熟了。我的生活重心多在台北，於是我僅能分析出基隆人很會去台北這種微妙的特色。

＊　＊　＊

我開始思考自己和基隆如此不熟悉的原因。主動的理由當然是自己沒有多多去了解；但基隆的交通動線和地形，也是造成我對故鄉如此陌生的被動原因。

基隆靠山面海，港口的兩側分為東岸和西岸，在基隆許多地方，路是有盡頭的，不是被山擋住、就是會掉到海裡。雖然就在海邊，但多數的海岸線為港口，基隆港包含了商港、軍港和漁港，可以在這裡看到各種規模的船，而人們若想要親近海洋、玩玩水，只能在少數區域。

交通動線上，以火車站（各種客運站都在火車站附近）為中心輻射狀發展。基隆市公車、往台北的國道客運，多以火車站為起點；若要從基隆的某區前往另一區，尤其是東西岸間的移動，通常也是要去火車站轉車。於是住在基隆東岸的人，如果不是因為上學、工作或剛好有親友住在西岸，那極有可能對西岸完全陌生（我就是一例）。

國中畢業前，我的生活圈就在我家附近，我家位在的那條中正路，一邊是東岸碼頭和海，另一邊就是山，要不是那時經常看電視及會去別的地方拜訪親友，我大概會以為地球不是圓的，而是長條狀的。

＊＊＊

上小學後，學校會安排全班或全年級遠足。遠足的地點，就是小學生步行可以走到的地方，那時候我們會被帶到學校後山上的中正公園、十八羅漢洞、二沙灣砲台。

十八羅漢洞是一個人工山洞，洞內有各種民間故事蠟像。那裡總是非常涼爽潮溼，每次去都得提醒自己不要太認真和蠟像對視，很怕它會和我眨眼。當時兒童的世界總有許多不曉得哪來的都市傳說，最常聽到的是砲台區或中正公園某處有吊死鬼，大家繪聲繪影，講得和真的一樣；於是在那種情況下去了十八羅漢洞和砲台，感覺像是參觀事件現場，絲毫感受不到老師想要我們學習的文化意義和歷史感。

還有一次的遠足是幾個班級一起去紅淡山和月眉山。在山路裡穿來穿去一上午，中午到靈泉禪寺休息野餐時，小學生只覺得好累，終於可以休息了，也不明白為什麼要走到這座寺，只是吵鬧著想找地方躲太陽。午餐後又一直走，從月眉路走到義二路才解散，大隊人馬緩慢前行，很累的一天。

升上國中，生活幾乎被學校安排的課業占滿，聯考、會考的科目會被加強再加強，也不會有畢業旅行之類的活動。唯一一次與全班同學搭上遊覽車的經驗是地球科學課的校外教學，當時的地科老師是一個信奉「上窮碧落下黃泉」的人，想要了解地球只能親眼看，所以排除萬難幫我們爭取到校外教學，去基隆海邊和陽明山考察各種地形地貌。

第一站是我從小就熟悉的望幽谷，不只是上到一〇一高地，還要下到谷底海邊，那天風大又下雨，我們要留意一路經過的所有地形和植物，同時要撿石頭、採集、做記錄，終於可以上遊覽車後，大家無不忙著把自己擦乾，還來不及聽清楚老師的解說，就在車上呼呼睡著了。

小時候，我不只覺得我家很陰森，基隆的許多觀光景點也給我陰森的印象，觀光區不是在山裡、就是海邊，山坡是土黃色的、海邊的岩石也是土黃色的；山上的樹是綠色的，海邊的青苔也是綠色的。這些土土綠綠的景觀，就算是在爽朗的晴天也瀰漫著地味感，而天一陰就灰濛濛，天一雨就到處溼滑，處處讓人憂鬱；再配上兒童們最喜歡胡亂加油添醋的都市傳說，使得不管去到哪裡都泛起陰森的涼意。

或許是這種兒時留下的印象，使得後來台北化的我對基隆提不起興趣，在台北讀完書、工作了一陣子搬回家後，把基隆就當旅館，只是住著而已，在基隆的移動，堅守在我家到火車站間的範圍。

* * *

有時候我會想，或許是基隆山海包夾的地形影響了我們的個性：基隆人應該很懂什麼是邊緣，因為我們就生活在邊緣中——這裡的山與海時時提醒我們人生隨時有盡頭，世事自有節制，或許因此比較謙虛、配合度高；嚮往著核心的同時，也就不小心邊緣了自己。

突然飛出的神諭——《迷路的大人們》

生活是這樣的，每天只是過日子，若沒有什麼刺激，不會想要有什麼改變。第一份工作離職後，我搬回基隆，依然對基隆很漠然，最熟悉的還是從家裡到火車站的路。

當時對基隆還停留在小時候那種到處都很陰森的刻板印象裡，每到冬天，基隆大雨，拎著溼淋淋的傘坐車到台北後，地是乾的，但我們得尷尬地拿著溼溼的傘在路上走，彷彿就是昭告天下「我是基隆人」。

好在人生就是有各種可能性，二〇〇六年，我有了一個改變的契機。因為看了一部NHK日劇，我開始對日本的「四國遍路」有興趣，而在遍路後，開啟了我對基隆的興趣。以前我對基隆漠然，但現在我對基隆保持著很濃厚的興趣，且很喜歡在基隆散步，到處走走看看，每當了解它更多一些，就令我開心。

＊＊＊

從小我就很愛看日劇，最早是看家裡接的第四台，那時播放的多半是日本當季或前一季最紅的幾部日劇；之後三台週末偶爾也會播一些中山美穗、後藤久美子等人的連續劇；後來有了衛視中文台，最先推出的是宮澤理惠、菊池桃子、加勢大周、吉田榮作、織田裕二等人主演的日劇，再沒多久有線電視日本台更多了，接著進入VCD和DVD時代，我幾乎每一季都會買個八部以上。

二〇〇六年冬天，我又去逛DVD店，看到一盒上面有江口洋介及三浦友和照片的DVD，簡介都是日文，只有簡單的中文譯名「迷路的大人們」，我被這個片名打中，且演員卡司還不錯，於是就買回家了。

當天晚上就開始播來看，原來這部內容在講「四國遍路」。我聽說過這件事，一九九九年我看過一部由夏川結衣、筒井道隆、栗山千明主演的電影《死國》，也是以「四國遍路」為主題，電影中把遍路當作一種祈求亡靈復活的法術：假設往生者十五歲時去世，只要祈願者以逆時針路線走四國遍路十五圈（和往生者歲數相當），在旅途中持誦對應的經文咒語，完成旅程後，再進行一些祈禱儀式，往生者就能復活。

電影改編自高知縣作家坂東眞砂子的同名小說，是當時世紀末氣氛的日本鬼片（前一年和同年各有松嶋菜菜子和中谷美紀版的《七夜怪談》系列第一集和第二集上映）。栗山千明飾演那位去世的少女，少女的母親為她進行這種復活術，最後死掉的少女果真從水池裡慢慢地爬出來，不愧是鬼片，氣氛拍得非常陰暗可怕，也讓我對「遍路」印象深刻。

看完電影後，我一直以為「遍路」是可怕的傳說，沒想到在《迷路的大人們》裡，遍路是令人神清氣爽的朝聖旅行。江口洋介飾演一位手機工程師山下德久，老家在四國德島縣的寺院，德久的父親是寺院住持。父親生病後希望德久回家去體驗一次四國遍路，於是德久為了父親的心願開始了遍路旅程，旅行中他遇到以前的上司還有其他遍路者，後來經常結伴同行。

＊＊＊

四國遍路的起源，與平安時代的空海大師（七七四—八三五）有關。空海大師是四國讚岐人（今香川縣），家境優渥，舅舅在朝廷當官，本想栽培他走上仕途，但他卻發願出家，在四國各地徒步苦修；後來成為遣唐使，到中國西安青龍寺與惠果大師求法，回到日本後，開創真言宗。他在四國當地開立了許多佛寺並留下不少傳說。之後一代一代的修行者為了追隨他的腳步，而漸漸形成了「四國遍路」朝聖傳統。

四國遍路朝聖道共有八十八座佛寺串聯而成，進行遍路朝聖的人被稱為遍路者。《迷路的大人們》中，德久和其他遍路者們每天就只是走路，每到一座寺會參拜、納經，之後繼續走。一群人前前後後走，有時聊天，有時獨行思考人生，當他們走到高知海邊那一段，常會有路人開車經過時送他們水果，或在路邊烤魚請他們吃。這些遍路者每個人上路時都有自己的煩惱，有的是工作遇到瓶頸，有的人思考

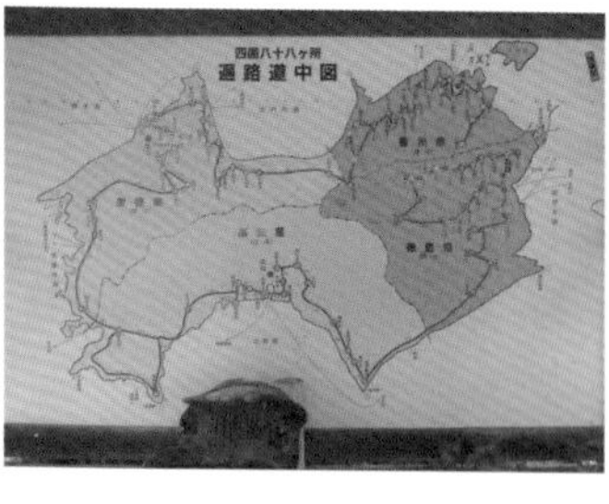

婚姻關係，有的煩惱親子問題，他們一路走到最後，都在第八十八號大窪寺結願時，留下清朗的笑臉。

這部戲只有四集，一集走一個縣，剛好四國四縣在遍路道上有不同的意義，德島是「發心」的道場、高知是「修行」的道場、愛媛是「菩提」的道場、香川是「涅槃」的道場，也靠著劇情表達出這樣的起承轉合。我當晚一口氣看完了這部戲，且像是中箭一樣深深迷上了遍路。

我把這部日劇介紹給家人朋友，想看看大家覺得這旅行如何，果然，大家都覺得很不錯，但沒有人真的想去。我原本也是有所猶疑，但是這個念頭一直出現，後來乾脆好好面對這個心聲。終於在二〇〇九年春天，找到好同事當旅伴，趁轉換工作之際，出發去四國遍路了。

走吧！走吧！去日本四國走一圈

四國遍路是有濃厚信仰意義的朝聖旅行，但這條路蠻自由的，為了個人健康、祈願、自我追求、反省贖罪，或只是喜歡旅行、喜歡佛寺、喜歡收集朱印，不管什麼目的都沒有問題。而進行遍路的方式也不拘，要走路、搭大眾運輸、騎自行車、騎機車、自駕開車，或甚至是參加旅行團，也都可以。旅行中可住在收費的民宿旅館，也可自己帶帳篷、睡袋露營過夜。

從德島火車站搭德高線在板東站下車後，就算是接上了遍路道，從火車站開始，一路上都有指標帶著遍路者走到第一番靈山寺，遍路者在那裡採買必要的裝備，完成參拜，一出寺院繼續有指標帶著遍路者一寺一寺的前進。

遍路道上的指標，以紅色箭頭為主，或是紅色小人，也有直接寫寺

名的指示牌，或寫著「同行二人」字樣，遍路者如同加入了一個祕密社會般，一路認著暗號前行；這種認同感在一上路後馬上就連線，雖然我們對四國不熟悉，但馬上就有種自己和這裡有強烈連結的安心感，這種感覺是以往去國外旅行時不曾有的。

＊＊＊

自古以來，遍路者有固定的裝扮和配件，到今日已簡化：衣著上有白衣、白褲、菅笠、輪袈裟、手甲，手持金剛杖、揹頭陀袋，袋裡備有香、燭、經本等參拜用品，另外可備納經帳或軸來納經；還有紙本地圖可以使用，當地有賣遍路者專用的黃本地圖，是遍路者計畫每日行程的好幫手。

雖然有這麼多的配備，但不見得要全套買單，依遍路者個人期待來準備就行，不過當地人還是希望遍路者們至少配戴一、兩件，以便識別其遍路者身分，這樣在途中若需要協助，比較容易取得信任，也容易得到當地人的接待。

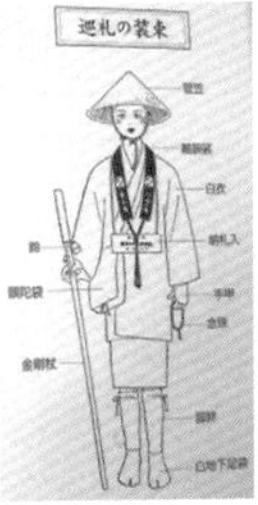

是的，接待。遍路者使用的金剛杖上寫著「同行二人」，那代表著空海大師與遍路者同行。在真言宗的信仰裡，空海大師並沒有去世，只是在高野山奧之院修行入定（一直到今天，每天都有僧人會為大師送膳兩次，稱為「生身供」），且空海大師仍不時會到四國去，與遍路者同行。因此，在四國當地有人將遍路者視為大師的代表，供養遍路者即等於供養大師；或是認為遍路者是承擔人類共業的修行者，接待遍路者也等同於為自己累積福報，所以走在遍路道上經常會得到接待。

接待的形式也有各種可能，有些地方組織在寺院或遍路道上準備食物、飲料、參拜用的香燭接待，另外我們也遇過路邊開車的人順手遞來飲料，或是下車跑來送我們自行打包好的零食包；也有遇過拉著我們到販賣機前請我們選想喝的飲料；也有把口袋裡的零錢都給我們，幫我們結帳午餐，招待我們去家裡躲雨，還有載我們一段路的。

＊＊＊

走遍路時的生活很單純，一天就是走路、參拜、吃飯、洗澡、睡覺。路況什麼都有，有城市馬路和巷弄、郊區產業道路，也有鄉間小

路、田中央，還有隧道、山路、階梯。

早上剛出門時體力飽滿、一切美好，近中午時天氣熱了、肚子餓了，若能好好吃個午餐就非常開心，午餐後昏昏欲睡地邊走邊消化，下午則是悶著頭像走路機器人一樣地行動，只希望趕快走到住宿的地方；到了旅館，就依照住宿點安排進行洗澡、洗衣服、吃晚餐的流程，然後就可以休息睡覺了。

開始習慣遍路生活後，每日平均行進三十公里，在路上偶爾收到朋友們的打氣訊息，覺得我真辛苦，確實，疲勞是有的；不過這段時間的人生變得很簡單，得到許多力量支持，很容易有幸福感。

＊＊＊

八十八座佛寺有一個整合組織「四國八十八所靈場會」，但靈場會的工作主要在支援寺院間的共同業務，其他各地方的道路整備、鄉土教育、住宿休息設施，多有賴四國各地的NGO組織、社團，也有些寺的住持會帶動地區性的規畫，均是民間力量在相互支持。對遍路者來

說，一進入遍路道，就會被這股總合力量支持著，寺院、路標、住宿設施、餐廳、便利商店、遍路者彼此、甚至是每一個迎面而來的路人。

路人？沒錯，我在遍路道上印象最深刻的就是路人。當我們以遍路者打扮走在路上時，在寺裡遇到同是遍路者或是寺裡的執事，互相都會親切問好；後來漸漸發現，走在遍路道上時，若有當地人迎面走來，也會和遍路者打招呼，說聲「こんにちは」或微笑點個頭。後來我也養成習慣，在路上看到人時會先打招呼，大家多會親切回應，有時也因此聊幾句，有個愉快的相遇。這種每天每天的小互動會讓人有著存在被認可的感覺，對土地的情感更容易連結。

遍路還有一件事很有趣，就是「與神佛菩薩換名片」。參拜每一座寺院時有固定的流程，首先來到山門前行個禮，接著洗手、敲鐘，再來到本堂參拜（點蠟燭、點香、投納札、賽錢、讀經），到大師堂參拜（同本堂參拜流程），最後到納經所納經。

遍路用品中有一種東西叫「納札」，是一張一張的白色小紙片，一次買一疊，遍路者在納札上寫自己的姓名、來自哪裡，還有參拜日，在本堂和大師堂前參拜時，投一張在納札箱中。投入有你姓名來

歷的納札，就像是將你的名片呈給佛菩薩；而後去納經，納經所不僅在遍路者的納經帳上寫下寺名法號和蓋朱印外，還會給遍路者一張該寺本尊畫像的紙片，這張紙片叫「御影」，畫像上也有佛菩薩的名字，就像是佛菩薩的名片。於是參拜一座寺，還能與神佛菩薩交換名片，遍路者可以買一本御影帳把八十八所的御影收藏，那可是一本佛菩薩的名片簿啊！

納札在遍路道上很好用，除了參拜時需要外，如果得到接待，也可以回贈寫上遍路者名字的納札，因為當地人覺得接待是供養大師的行動，也有收集納札的傳統；在遍路時總會遇到其他遍路者，若要自我介紹，不需要拿出真實世界的名片，彼此交換納札即可。而這時也可能會發現，「咦，怎麼有人的納札顏色不一樣？」

在遍路道上，納札也可作為遍路經驗的識別，走一次到四次的遍路者使用白色，五到八次的用綠色，接著是紅色（七到二十四）、銀色（二十五到四十九）、金色（五十到九十九），一百次以上的用彩色納札。每次與遍路者交換納札時，就會透過對方的納札顏色，了解彼此的遍路經驗值，這實在太有趣了。

虚空尽き衆生尽き涅槃尽きなば、
我が願ひも尽きむ。
空海
南無大師遍照金剛
増田好昭
第116回
19年3月吉日

人生即遍路
山頭火

四國都能走了，那基隆呢？

每天在遍路道上行走時，一直期待著能順利結願，當在第八十八所大窪寺拿到住持蓋好的納經帳那一刻雖然開心，卻有一絲寂寞，捨不得旅程就要結束。不過四國遍路還有一個有趣的地方，就是許多人在最後一所大窪寺結願後，會再走到第一所靈山寺，剛好完成一個圓，將遍路道完整繞了一圈；也有一些遍路者就這麼一圈一圈地繼續走下去，我曾在路上遇到正連續走了第五圈的遍路者。

完成了大概一個半月的旅行回台灣後，我開始整理遍路遊記，那時發現我好像得了傳說中的「四國病」。在遍路圈中有一個傳說：雖然遍路者每天走在路上很疲累，甚至腳長出水泡，還會膝蓋痛、腰痛、肩膀痛，人被曬得黑乎乎，但旅程結束之後都會得到「四國病」——這種病就是會非常想念四國，唯一的治療方式就是再去四國

走一走。

一開始知道遍路道上的納札有分顏色等級來代表遍路經驗，我還覺得不可思議，怎麼會有人要一走再走，但當我在台灣經常想念遍路道時，我開始相信「四國病」確有其事。

＊＊＊

二〇〇九年五月底回國後，我的「四國病」一發就沒好過，且積極地到處傳播。先把整理完的遍路遊記分享在「背包客棧」網路論壇，二〇一一年在臉書開設「四國遍路同好會」，二〇一四年出版《遍路：1200公里四國徒步記》，之後在台灣各地進行幾十場遍路演講，二〇一六年主持了遍路靈場第二十二番平等寺住持谷口真梁和第七十九番天皇寺住持沼野圭翠與台灣遍路者在輔大舉行的交流分享會，二〇一七年我又去四國走了一圈，二〇二〇年在「鏡好聽」做了一檔名為「同行二人——四國遍路相談室」的網路節目，用時下流行的Podcast介紹四國遍路。

從二〇〇九年至今，華人世界應有上千人去遍路，且其中有不少人已完成了兩次以上，我也在這幾年的推廣過程中，認識了許多世界各地的遍路朋友。我以這些方式順應我的「四國病」，把它變成我的人生興趣。

我一直思考著，遍路之所以吸引人想一去再去的理由為何，從而意識到，它不僅帶有宗教文化上的魅力，更是一種個人內心的連結；而其中最大的魅力，我想是它教會人如何享受「過程」、喜歡「過程」。

對於遍路者來說，連結八十八座寺的旅行是一個過程：作為起點、終點的靈山寺與大窪寺，並沒有被特別放大，或說當八十八座寺都是重點時，也就沒有哪一座寺特別到不行。就算那座寺非常美（燒山寺的巨杉、禪師峰寺的海景）、有重要的歷史意義（空海大師出生地的善通寺），令遍路者想在那待久一點，頂多投宿一晚，必然會離開，也因此必會感受到這些都只是八十八分之一而已。

因為數量多帶來的審美麻痺，遍路者會將對每一座寺的感受回饋為過程的一部分，這些重要的美景和歷史文化，就是添加了對過程的

美好感受。我想這也是每次當有人問我，有沒有哪一座寺最喜歡，這問題總是讓我無法簡單回答的原因。

遍路道也給予遍路者如人生模型般的想像。當我走到高知時，經常為那無止境的海邊路感到不耐煩；而我剛進入愛媛縣的頭幾天，則都在迷路。這些經驗後來成為我生活上的模型參考，比如對於例行公事般的工作感到厭煩時，我會想像我正走在高知海邊，在遍路道上知道我再堅持五公里就可以休息了，這讓我在現實生活時似乎也可以忍耐。或是，已經有經驗的任務卻一直出錯，那或許就像我在愛媛迷路時的情景吧：是不是我的注意力分散了，才沒有好好看路標呢？沒關係，集中注意力，再來一次就是了。遍路旅行的過程是一段無可取代的模型，供人生隨時反芻。

過程中最重要的是與自己的相處，遍路旅行就算是有伴同行，或是在遍路道上結識遍路者，有時會聊聊天，但大多數都是一個人走著路。一個人走路時心裡總會浮出許多想法，過去的回憶、現在眼前看到的風景、感官的感受、未來的計畫與期待等，什麼都會想到，什麼也都會忘掉，這個狀態是非常純粹的。人生少有這種可以長時間陪自己的機會，陪自己好好吃飯、好好走路、好好和佛菩薩說話，而路上的人知道你在做什麼，並且支持你。

「四國病」的根源與其說是想念四國，不如說是遍路道提供了給予人們與自己好好相處的機會，那根本的核心是——陪伴自己。

＊＊＊

遍路之後，我對於四國地理變得很熟悉，在報章雜誌上看到一個四國的地名，若是曾在遍路道上經過，馬上可以想到那是哪裡，並在心中呈現那地方的畫面；若是沒有聽過的，也很有興趣在網路上搜索一下，增加自己對於四國的了解。

但我總覺得這種直覺反應好像哪裡怪怪的？

剛回台灣還在整理遍路遊記的日子裡，我依然維持著旅行時早起的習慣，每天四、五點就醒了。與其在床上發呆，不如出門走走吧，連日本四國都可以徒步走完了，沒有理由對自己的家鄉這麼怕生啊！我想著。

之前對於基隆缺乏興趣，很大的原因是前文說過的兒時陰影，基隆觀光區不是潮溼的山區、就是陰冷的海邊，配上小學生最愛的各種都市傳說，總覺得好陰森。但有了四國徒步經驗後，荒涼的山、邊緣的海、如祕境般的小道，大熱天、大雨天，什麼情況都面對過了，基隆是我家，怕什麼呢？

內心的勇氣和好奇心都有點長進，既然早起了，就出門晨運吧！

一開始先是去綜合體育場跑步，每天從家裡走一．五公里去綜合體育場，剛好當暖身，接著跑個八圈、十圈，再散步回家。跑了幾天，開始覺得無聊，於是沿著壽山路往中正公園走——這段路可是被小學時的我覺得是陰森代表地之一。

中正公園的路四通八達，靠近田寮河這一面，不管從信二路、義五路、義六路、義七路、中興路、正信路及其中的各條巷道，都可以走上公園，另一面不管是正義路、中船路、豐稔街，也可以相通。原本以為的陰森，只是因為對路不熟，和拿以訛傳訛的傳說自己嚇自己，多走幾次，路熟悉，就沒事了。

有些地方可以登高遠望，看到山、海與港；有些地方則是小巷幽靜蜿蜒，電影中的香港、連續劇中的韓國，那種山坡矮房人家，在基隆只是尋常風景；有的上山路坡度極陡，好似在訓練小腿肌肉；有的路則是階梯不斷，折磨膝蓋；通往公園的路沒有明確的起點與終點，沒有絕對的路徑，只有上下起伏，和必能得到的開闊視野。

我因此喜歡上清晨的中正公園，中正公園的早起會、觀音像、役政公園，都是晨運的樂園，早起會附近有人散步、打羽球；觀音像旁則每天定時播放廣播體操，許多長輩們一起舒展身體，精神在復古溫暖的情調裡甦醒了；早上六點左右的役政公園，除了許多晨運的人，還聚集了開著小貨車的小販，帶著菜、肉、生活用品來賣，也賣一些健康養生小工具，不求人、刮痧板之類的，在那一尊尊戰車、砲台、軍機的雄壯威武旁，是早起精神好的市民生活。

＊＊＊

熟悉了中正公園後，似乎開啟了在基隆到處走走的興趣，想要拓展自己的視野，也想要和基隆變熟，更想轉移我的四國病，於是把眼睛能見之處或是經常聽說但沒去過的景點都來走一走。

首先就是有「基隆好萊塢」之稱的虎仔山，那是另一個著名的基隆地標。

有一次在基隆最高的麗榮皇冠大樓上吃火鍋，在那裡看到仁愛國小上方不遠處的建築有點特別，就去那裡看看，原來是基隆在地望族的許梓桑古厝。

還有彷彿處在高速公路喉嚨位置的獅球嶺砲台，也是離基隆火車站不遠的地方。

小學時遠足去爬過一次的紅淡山和月眉山，也去走了幾回。

我也很常走到舊家去，後來覺得這樣走得不夠遠，那就走到和平島去吧，也有過再加碼直接走到望幽谷和八斗子火車站的經驗。畢竟從小在東岸長大，對於東岸的路線比較熟悉，散步到和平島後來成為我最常的散步路線。

小時候一直覺得西岸是另一個世界，除了家人帶我去過一次仙洞外，其他地方真沒什麼印象。當東岸散步走熟後，就來走西岸了，基隆好萊塢、西岸築港紀念碑、仙洞、白米甕砲台和基隆燈塔，將西岸的景點連著走也是可以的。

從遍路回來後的幾年間，天氣不錯的假日，我的四國病常會發作，很想出門走走路。從我家出發，走到那些景點，如果體力和時間許可，就再走回家。沒有什麼特別的目的，只是陪自己走一走。

去遠方走路，很美好，充滿了好奇與新鮮，開拓了視野；在家鄉走路，更愜意，隨興推開門走起來，港、山、海、好咖啡、好食物，哪裡都不是很遠，走過的路就成為自己的，而我也終於和我生活的城市熟悉親密了。

五公里以內的風景

四國遍路後，已很習慣走路，對里程數的估算有自己的步調。以一般步行速度，平地一小時約可走五公里，山路則視難度不一。遍路時大概一天可走三十公里，如果體力還能負荷或不得不趕點路，一天走四十公里也是可能的。之後在日常生活中，通常要去一個地方，查了地圖約在兩公里內的距離，時間許可、天氣狀況還不錯的話，我會盡量用走的。

以走路來認識一個地方感覺很好，用不快轉的速度讓身體感官把一段路程在心裡錄影下來，對這段路的印象變得深刻，也能感受到當地的生活感、路人的表情、沿線有哪些店家，這些情報或許沒有什麼實際的功能，卻可以讓自己的生活版圖以實線方式擴張。

日本有一類行腳節目就是選一個區域隨興地散步，其中藝人有吉弘行的《有吉君的正直散步》（有吉くんの正直さんぽ）是一代表，他和幾位藝人會在各地悠閒散步度過半日，經過有興趣的店家就去裡面逛逛或吃吃。據說有吉弘行本人在休假時就經常這樣過，在東京的路上散步，有時走著走著就走了六個多小時，一看里程數居然走了二十幾公里。

我經常會在基隆散步，如果需要想事情時，會邊聽音樂邊走，走著走著原本卡住的思緒就豁然開朗，或是冒出其他靈感，煩惱得以鬆開。這一、兩年我有時候會邊走邊聽Podcast，通常是人物訪談或主題式的節目，在走路的同時吸收著他人寶貴的生命經驗，又可以順便運動、曬曬太陽、找家好吃的店當作中途休息，一個半天內兼顧了身體的鍛鍊、心靈能量的補充、城市熟悉度的累積，且不用花什麼錢，實在是一個一功多效的美好活動。

這種愛走一走的習慣，也影響了我的社交生活，在遍路時偶爾會和旅伴邊走邊聊天，總覺得肩併肩的聊天很自在，除了本來就想聊的事情，景色的、天氣的、路人的動態，都可以成為話題，大腦也變得比較活絡。對基隆越走越熟後，和朋友見面時，我都想約來基隆。

＊＊＊

在台北讀書、工作的基隆人們，常是同一群體中少數一兩位基隆代表，經常會被問到這樣的事：「基隆經常下雨吧？」、「廟口有什麼好吃的啊！說來聽聽。」、「基隆的街道好窄耶！」、「你不覺得市區是單行道很麻煩嗎？」、「基隆有什麼好玩的？」……

所有的指教，基隆人往往概括承受。在大部分的情況下，長期在台北工作謀生的基隆人往往是處在對基隆不熟的狀態，且為了顧及群體和諧，理所當然地配合在台北進行各種社交活動。

以前的我就是這麼想，假日時若與朋友見面，很直接地就約在台北，如果朋友要來基隆，還覺得很麻煩他們。如果有朋友問我基隆有什麼好吃的，我也答不太出來，畢竟在家時很少外食，除了廟口那些熱鬧的地方外，對其他美食沒有什麼研究。

但當我經常在基隆散步後，許多想法漸漸變了。尤其當他們問到，「基隆有什麼好玩的？」讓我思考了一陣子。

「好玩」到底是指什麼呢？小時候我覺得的好玩，就是中正公園的盪鞦韆，每次被大人帶去公園，一定要在鞦韆那裡待好久，可以盪到鞦韆，我覺得很好玩。

高中前，我覺得遊樂園最好玩，雲霄飛車、海盜船，那是一種享受刺激的好玩模式；大學後，覺得逛街和看電影很好玩，逛街可以滿足物欲和了解流行趨勢，而看電影除了得到感官刺激外，也可以享受故事的趣味。

遍路時，我學會享受走路的好玩了。時時留意地景在眼前變換，包括自然地形的變化、城市或郊區等人造空間的轉變、來往行人的打扮與表情，這些畫面會時時和走在其中的自己對話。再來就是走路讓身體一直維持在運動中，對健康有益。

和朋友相約見面，本來就是要聊天，與其坐著一直吃，不如邊走路、邊聊天、邊看風景。而基隆，就是一個很適合走路逛逛的城市，因為這個城市裡有許多五公里以內的風景組合，很適合散步。

＊＊＊

一般人一個小時約可以走四到六公里，取個中間值五公里，我認為五公里是一個理想的城市散步距離，在這段距離內，如果途中的自然或人文景色有豐富變化，那就是非常理想的散步路線。

五公里是個怎樣的概念呢？約莫是從台北車站走到市府轉運站，從台中火車站走到台中市政府，從台南孔廟走到安平古堡，西子灣走到美麗島站，花蓮火車站走到吉安慶修院。

五公里約是六千多步，加上中間若有些停留點來回逛逛，那大概可以到八千步；如果體力足夠，原路折返，頂多是一萬五千步，時間上大概就三、四小時，這之間運動到了、聊到天了，還可以享受途中的美食和好風景。

基隆有不少五公里內的好風景。這五公里不會全是市街，也不會全是單調的公路，基隆的五公里可以任意組合繁華港都風、日式河畔風、巷弄文青風、海港工業風、山林健行風、濱海豔陽風、漁港復古風，走著走著，眼前的風景經常變化。

從基隆火車站到東岸的和平島才五公里多，而從火車站到西岸的白米甕砲台，也差不多五公里。光是東、西岸這兩條動線，就承載了不同的人文風土、歷史故事，景色從市區的繁華街道，到港口城市獨有的貨櫃與橋式起重機布景，再到漁港風光或登高依山看海，景致變化多端。

基隆是一個被山、海、港包夾，腹地不大的城市，正因為它不大，所以要走遍它不難。基隆的可行路線被限制山海之中，這種狹窄對徒步者來說挺剛好的，只要方向對了，不太會迷路；靠著海邊走，或繞點小山路，走著走著，享受眼前風景變化，已是美好的觀光。不管是要登高望遠，還是想臨海親水，或是一天內同時想登高又想玩水，基隆都可以滿足。

喜歡在基隆走路後，我順便自主提升我的市民自信心，和朋友相約就帶他們在基隆走路，一邊聊天，一邊爬山看海，再去吃點好吃的，我想要和朋友們分享我覺得的「好玩」。

這幾年來，獨自或與朋友一同在基隆散步，已成為我生活的一部分。散步在熟悉的路上會有安心感，但偶爾會對哪個區域、路名突然好奇，不曉得那裡走起來感覺如何？於是就會查查地圖，去那裡走走。

PART 3
散策基隆好日子

歡迎新朋友：來回五公里內的市區短程路線

讀到這裡，一定會有人想問：「有沒有什麼推薦的散步路線？」當然有，我就來拋磚引玉，聊一聊我常散步的路線。

不過先要提醒大家的是，這幾年基隆的觀光業發展熱絡，市府有許多修建計畫、民間的活動也很多，幾個月間就常有變化，實際上路時可以先上網查一下路線和目的地的最新情報唷！

＊＊＊

初來乍到的朋友們對基隆的印象應該是從火車站、海洋廣場這一帶開始的吧！海洋廣場所處的忠一路港邊是所有國道客運回基隆的終點站，以前還沒有海洋廣場時，港邊只有窄窄的人行道，通勤者或觀光客下客運後，只能趕快步行離開，因為那裡總會有一車又一車的乘客人流，還有港邊不時傳來的垃圾加上魚腥臭味；如果下雨，這一切就更顯侷促。

海洋廣場修建好後，港邊有了一大片空地，還有分別以KEELUNG字母造型做的燈箱兼椅子，民眾可以坐在那裡休息；如果搭船回到基隆港，這幾個組合起來是「基隆」的字母，則成了一個迎賓牌，歡迎大家來到基隆。

好天氣時，順路經過海洋廣場，總會在那兒坐坐，感受一下市民生活，那裡常有許多奔跑的小朋友，也有不少愛攝影的人來拍照，帶著大砲鏡頭拍港口美景和老鷹，基隆港可是老鷹經常出沒的地方。這裡常會有大大小小的活動，兒童節、中元節、聖誕節都會有裝置藝術，還有不定時的各種表演舞台。

若是和外地來的朋友相約，我通常約在海洋廣場。初次來的朋友如果沒有特別想去哪裡，我通常會在海洋廣場來個三選一：看是要往西岸走，去基隆好萊塢；還是往東岸走，去中正公園看觀音；或是回頭往高速公路的方向，去隧道上面的獅球嶺砲台走走。基隆好萊塢、

中正公園觀音像和高速公路的入口，在海洋廣場都看得到，是一個很好想像的開始。

上述三條路都是爬點小坡就能登高望遠，視野都非常好，如果體力和時間許可，也都有些延伸的路可以探索。

但若只是想要悠閒地走走路，一點都不想爬坡的話，就可以在田寮河邊散步聊天；若是想要再提升一點點難度，感受更多大自然的爬山健走，那可以去紅淡山。

基隆好萊塢

▼海洋廣場到虎仔山基隆地標，約一公里

這裡正式的名字是「虎仔山基隆地標」，但我很喜歡叫它「基隆好萊塢」，它位於基隆舊火車站後山坡上，有著KEELUNG的大文字，就像HOLLYWOOD字母一般醒目，一到基隆市區就會看得到。美國HOLLYWOOD本尊字母，是不可以讓人爬上去的，但基隆的非常親切，任何人都可以去，只要爬點小坡就到了。

二〇〇九年我才第一次爬上基隆好萊塢，在此之前一直沒去過，甚至不知道那裡可以上去。第一次去時，還不像現在火車站出來就有指示牌，只好從中山一路隨便找條巷子爬坡上去，繞了兩三彎後終於到達。來到KEELUNG字母前，才曉得那英文字的後面，是一旁太平國小的運動場，而字母前也有椅子讓人坐著休息、眺望基隆港。在那裡可以看見基隆市區，海洋廣場、田寮河岸，及中正公園的主普壇及觀音像，東岸停泊的船盡收眼底，如果有郵輪入港時也可拍到整艘船貌。

地標面對海港的右手邊是太平國小，這個位在山坡上的國小已於二〇一七年廢校，後轉為基隆都市計畫及文化相關的辦公室，也曾開放藝術家在此創作，辦過多次展覽和工作坊及各式活動，二〇二一年起也加入了青鳥書店。

地標面對海港往左邊走是華興街老社區和荒廢的工地。在基隆港務興盛時，這裡多是碼頭工人居住的聚落，從相距不到一公里同時有兩所小學（港西國小、太平國小），約略可以想像當年人丁興旺；不過現在港口不似當年的吐運量，過往的住民多已搬遷，華興街社區空屋很多，氣氛蕭條，在那裡散步有著荒涼的美感，彷彿世界邊緣。

＊＊＊

從基隆火車站南站中山一路出口出站，對面即可見到通往地標的指示牌，沿指示牌直行上坡可直達太平國小及地標。中山一路和安一路有多條小路都可通達，另外若從中山二路全家便利商店的虎仔山回車塔上山，會來到大船入港社區，從那個視角欣賞基隆港，非常美麗喲！

7 陽明海洋文化藝術館

位於港西街 4 號。改建自基隆港旁 1915 年留下的歷史建築「日本郵船株式會社基隆出張所」，由陽明海運文化基金會負責營運，這裡有各種與基隆港歷史文化相關的常設展和特展，值得一訪。需購票入場。

6 基隆城隍廟

位於忠一路 7 號。傳說建於 1887 年（清光緒 13 年），全名為基隆護國城隍廟，位於海洋廣場對面，主祀城隍。基隆人路過此地常會停留一拜，是很在地的市民信仰。

5 慶安宮

位於忠二路 1 號。慶安宮又稱基隆媽祖廟，建於 1780 年（清乾隆 45 年）。原本祀奉湄洲媽，2004 年信徒從泉州迎回泉州媽，2005 年從漳州迎回漳州媽，是全台唯一的三媽同奉。慶安宮香火非常鼎盛，對基隆人來說，這裡予人一種親切安心富庶的氛圍。

4 崁仔頂

位於孝一路及鄰近街巷一帶。基隆傳統漁市，自凌晨開始營業到早上，非常熱鬧，也可以見到傳統漁市糴手靈活叫賣的拍賣現場。以前旭川河尚未填河時，漁船可以直接駛入這裡，現在孝一路的明德、親民、至善三棟大樓下就是旭川河。

3 孝三路

基隆人傳說：「廟口是觀光客去的，基隆人都去孝三路。」以前孝一路半夜是熱鬧的漁市，孝二路是委託行集中之地，而孝三路就是港務、漁業工作者早晚覓食的地方，有許多在地小吃。最有名的是大腸圈，還有基隆道地口味的乾麵。

1 虎仔山基隆地標／基隆好萊塢

位於中山一路 241 巷 45 號。2006 年由基隆市政府規畫興建，是欣賞基隆港景色最方便也容易到的地方，從基隆火車站南站中山一路出口出站，沿著對面中山一路 113 巷直上，就會到囉！ 2021 年秋天，青鳥書店在一旁的太平國小展店「太平青鳥」，更讓此地成為熱門景點。

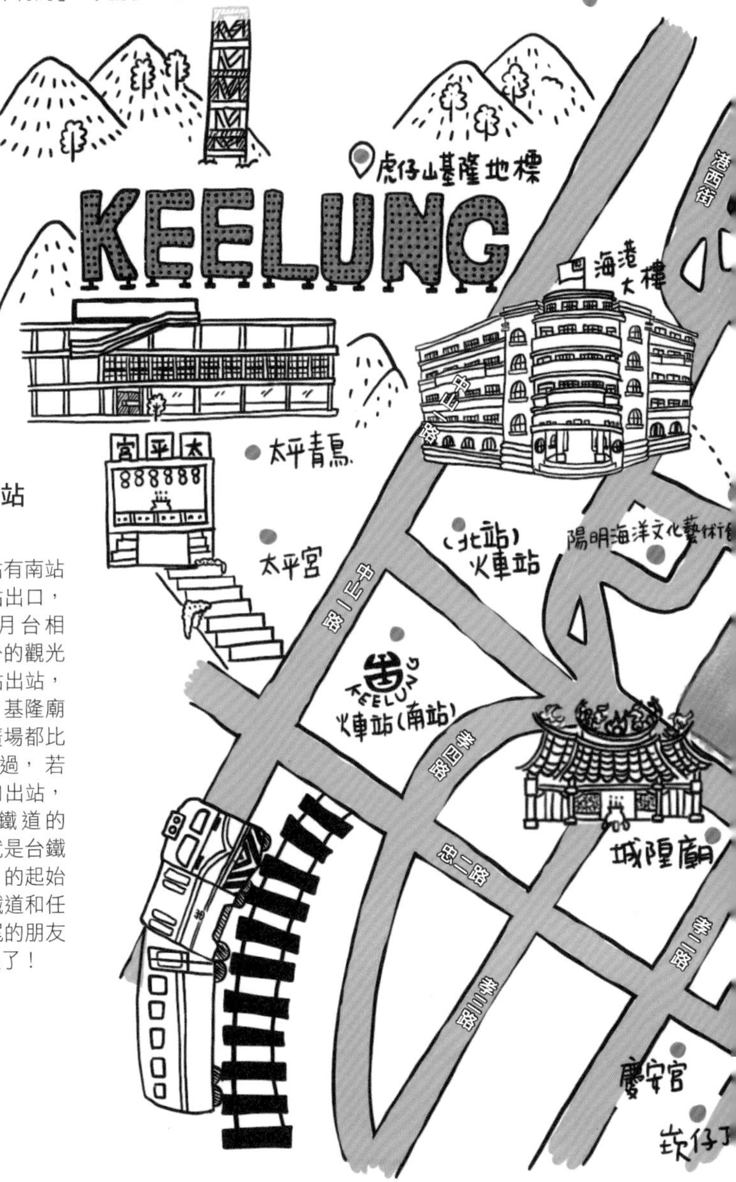

2 基隆火車站北站

基隆火車站有南站出口和北站出口，兩者僅靠月台相通。大部分的觀光客會從南站出站，去虎仔山、基隆廟口、海洋廣場都比較近。不過，若從北站出口出站，可以看到鐵道的盡頭，也就是台鐵「縱貫線」的起始點，喜愛鐵道和任何邊緣頭尾的朋友們不要錯過了！

站在高速公路的喉嚨上

▼海洋廣場到獅球嶺砲台，約二公里

對基隆人來說，中山高速公路是日常生活重要通道。通勤的基隆人有個才華，就是搭車回基隆時，只要車一進大業隧道，原本還在熟睡中，都可以忽然醒過來。車一進入隧道後的行車聲會與在高速公路行駛時不一樣，而車一進大業隧道就意味著終點站基隆快到了。通勤族常會在此時回神，準備待會兒要下車；如果睡得很好，還會期待在隧道小塞車一下，再多補眠幾分鐘。

國中時有同學住在獅球路，那時就聽說高速公路隧道上方有個獅球嶺砲台。有一回心血來潮想到這個地方，查了地圖後就去走走。

從仁五路孝一路口，切入成功陸橋下，穿越鐵軌，繞過成功國小，之後沿著光一路直走，過了仁愛區公所後接上獅球路四十八巷直上坡就行了。沿著坡走，首先會來到平安宮的牌坊，那裡正是高速公路旁、進中興隧道前會經過的地方，穿過牌坊再往上走會到平安宮。

過了平安宮再上一段坡，就會來到獅球嶺砲台。

獅球嶺砲台位在中興和大業隧道上方，從那裡可以看到高速公路的起點和基隆最繁華的市街及港口，想像高速公路的起點是高速公路的頭部，那獅球嶺砲台的位置彷彿是在高速公路的喉嚨。

下山時可選走獅球路一六九巷，經大業隧道側，這一側雖然沒有什麼特別景致，但對基隆人來說可藉此機會好好了解一下這兩條隧道附近的道路，畢竟也被這兩條隧道照顧那麼久了。

如果時間許可，可以到華四街的Eddie's cafe Et Tiramisu喝杯咖啡，老闆Eddie哥是很有個性的基隆大叔，白天經營這家咖啡好喝、甜點好吃的咖啡店，深夜則在忠一路的巷子裡經營一家威士忌酒吧「艾克猴The Alcohol Bar」，兩家店分別守候著基隆的日與夜，都很值得去坐坐。

散步小筆記 02

1 獅球嶺砲台

位於獅球路。此砲台建於清光緒年間，由清朝巡撫劉銘傳聘英國技師所建。砲台所在地海拔標高 150 公尺，格局分西、中、東三區，目前保存範圍以中砲台為主。

2 平安宮

位於獅球路 48 巷 175 之 3 號。平安宮是目前已知基隆歷史最悠久的土地宮廟，據說曾在清領時期被選為基隆八景之一的「獅嶺匝雲」。

基隆地標觀音像

▼海洋廣場到中正公園，約一・三公里

中正公園是我從小最常去的基隆景點。我對那裡很多景色都有印象，比如主普壇、觀音像、天鵝洞，還有鄰近的十八羅漢洞、二沙灣砲台、役政公園等，都在同一座山，彼此有路相連。不過中學後我幾乎就沒再去過，這些景點具體來說要怎麼串連我也不太記得，直到二○○九年開始晨運後，經常在那裡走來走去，才慢慢熟悉那裡四通八達的路。

一般來說最簡單的路線，是從信二路中正公園牌樓走樓梯上去，就會到兒童遊樂園區和忠烈祠，兒童遊樂園區有鞦韆、溜滑梯、蹺蹺板、溜冰區，而忠烈祠據說是日治時代的基隆神社。接到壽山路往上走，則會來到每年農曆七月中元祭的主普壇。

再往上走就會到基隆著名的地標觀音像，這一區除了觀音像、彌勒佛像及大佛禪寺外，還有不少投幣動物電動車，固定式的和自行駕

駛式的都有，也會有小販在這裡擺攤套圈圈、砂畫，賣飲料、烤香腸和叭噗冰淇淋。一旁可以眺看中正區街景和西岸港務風光，大人可以看風景，小朋友可以玩，總是非常熱鬧。

接著沿著壽山路經中正國中校門繼續前行，會來到一個路面很斜的三叉路，左邊往役政公園、四面佛，右邊則接到基隆市的綜合體育場，體育場前的正信路剛好一邊通到基隆女中、一邊通到豐稔街。

役政公園有一些戰車、砲台模型，一旁有通往二沙灣砲台的入口。役政公園往四面佛的產業道路樹蔭多，走起來很舒服，一大早到傍晚都有許多市民在此散步。接近四面佛處有一塊平地，是基隆青年們練機車駕照的地方。供奉四面佛處的視野也相當好，可以眺望基隆港外，也能看到和平島、基隆嶼。（若從海洋廣場經中正公園到四面佛，單程約三公里半。）

＊＊＊

簡單來說，中正公園就是基隆東岸市區山丘的一片休憩區，以壽

山路串連，壽山路左右有人行道，路況有微微的高低起伏，不少馬拉松愛好者會在此練跑。開車的話多從義五路、義七路、正信路接上壽山路；若是走路，鄰近的信義區、中正區有許多小路可達，條條小路通公園，這也是在中正公園散步的樂趣之一。

推薦兩條我喜歡的路。若是從信義區上山，可選走義六路小北投，義六路上坡後有一家夏隆咖啡店被選為「The 25 Best coffee shops in Taiwan」，店內典雅舒適，總是播放爵士樂，假日也偶爾舉辦爵士音樂會，手沖咖啡很棒，那裡還有我覺得最好喝的冰拿鐵。之後樓梯直上會經過顏家陋園、天鵝洞，接上壽山路可往公園其他地方走。

另外一條則是中正區的路線，通常來到四面佛後，不用原路折返，直接從四面佛旁的樓梯往下走，經過大和宮後再往下方階梯走，這段樓梯經當地入船里居民整理過，寬闊平整，路旁總會遇見貓兒，寧靜愜意；下到平地後左轉可到三沙灣，有許多好吃的在地美食（金龍肉羹、麵線、米苔目、知高飯）；若是右轉再直行十分鐘，就會來到基隆要塞司令官邸唷！（這種走法公里數較長，請斟酌時間。）

散步小筆記 03

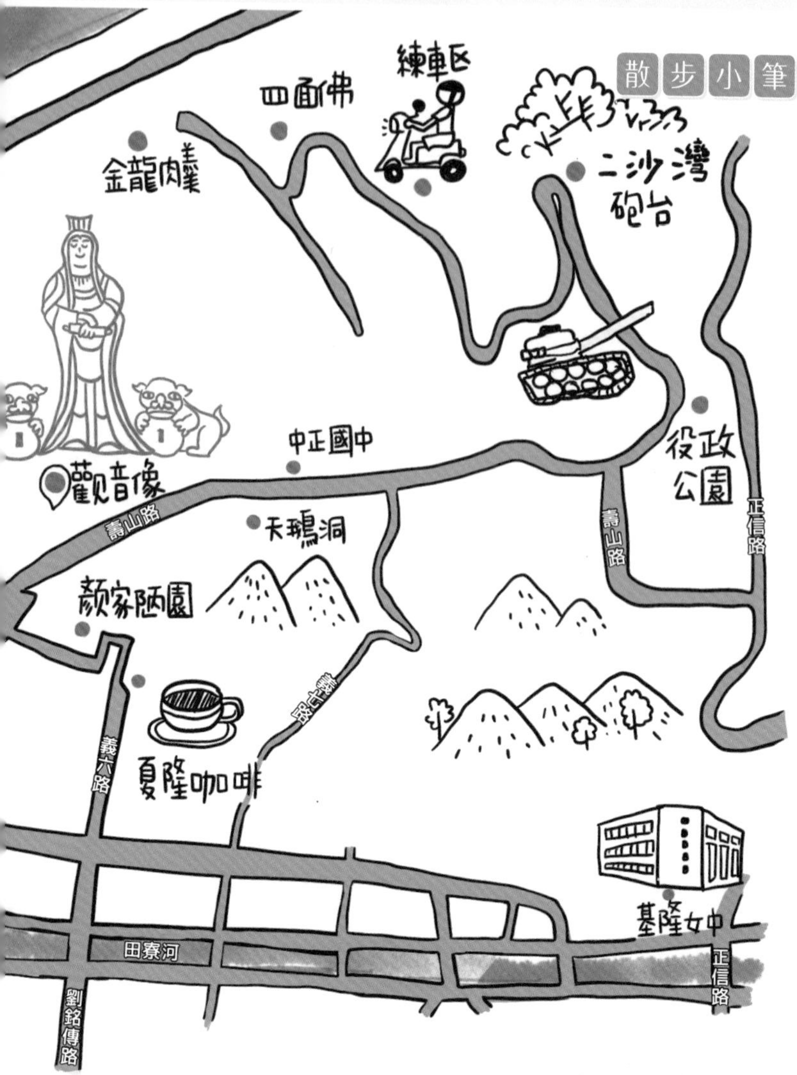

1 中正公園

此地原為日治時代基隆著名文化人石坂莊作所開闢的私人公園「石坂公園」，1950 年代再由基隆市政府闢建。公園分為三層，第一層為忠烈祠和兒童遊樂區；第二層為主普壇；第三層就是大佛禪寺和觀音像。觀音像高 22.5 公尺，可以入內登上樓梯，眺望基隆港。

2 天鵝洞

位於成功國中附近，有許多亭台建築，曾有「台灣第一文學步道」之稱，涼亭上留有于右任、易君左等人的題字。這裡也是基隆春天賞櫻之地。

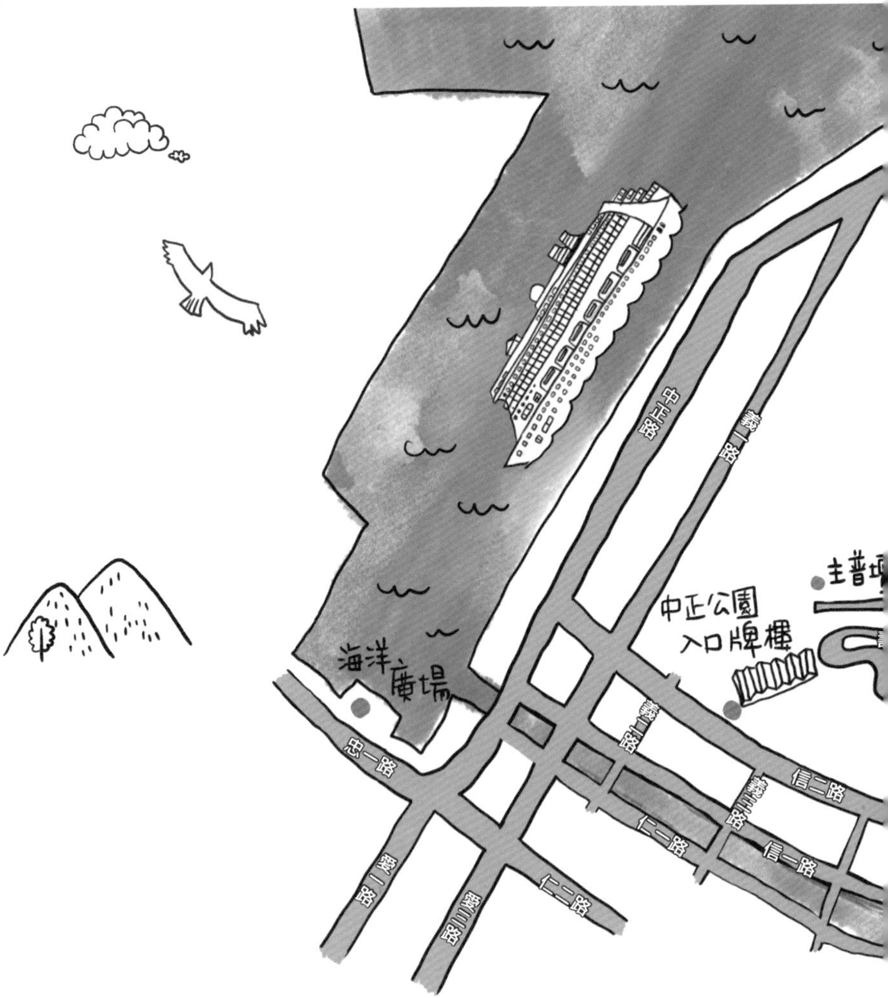

4 二沙灣砲台／海門天險

1884 年（清光緒 10 年），劉銘傳於此打造的砲台，安裝當時新式的德國克魯伯大砲；1885 年，劉銘傳再構建新式砲台，並題字「海門天險」。二沙灣砲台除了可以從役政公園旁進入外，中正路上也有一個題有「海門天險」四大字的入口，不過這條路潮溼多青苔，非常滑，若選走這條路請格外小心腳步。

3 役政公園

為台灣第一座陸海空三軍除役武器裝備的公園，如 F-104G 星式高空戰鬥飛機、勝利女神飛彈、海軍五吋艦砲、海軍陸戰隊登陸用的兩棲戰車等，這裡的裝備可以看、可以摸，但不要攀爬喔！

田寮河畔散步

▼海洋廣場到財鼠橋，約二．一公里

基隆市區的路很好認，忠孝一組、仁愛一組、信義一組，每組又分為東西向如忠一、忠二，南北向如孝一、孝二……，順序清楚。忠孝和仁愛以旭川河分隔成東西側（現今孝一路的明德、親民、至善三棟下方就是旭川河），海洋廣場前的那條大馬路是忠一路，但過了旭川河口就屬於仁二路；而仁愛與信義則以田寮河分隔成南北區。（那有沒有和平呢？有，在和平島。）

忠孝及仁愛系列的路多位在仁愛區，信義系列的路分屬信義區和中正區，田寮河大致劃分了基隆的仁愛區、信義區和中正區。河道兩岸有步道，也有十二座以生肖命名的橋相連，有些路段設有椅子，如果忽略河水品質，田寮河確實是一條很不錯的市民生活步道。

從靠港邊的喜豬橋到鄰近基隆女中的財鼠橋，長度接近二公里。田寮河邊是市民散步、跑步、曬老人、晾小孩、蹓狗的好地方，一天

中的任何時段都有市民在這裡活動。靠近廟口和文化中心的河邊，偶爾會有街頭藝人表演。

河邊的東岸商場有見書店、美猴橋和吉羊橋邊有何嘉仁親子書苑、福虎橋畔有小獸書屋，在這裡買本書很容易；鄰近的咖啡店也不少，這些店家也都有各自的特色甜點，冬天好天氣時我會買杯咖啡、帶塊蛋糕，到河邊的椅子讀書。下班回家時去廟口買點炸物或燒烤，再買瓶啤酒，河邊也可以小酌放鬆。吃完喝完，散步一圈、配一段喜歡的Podcast節目，真是美好的生活啊！

1 田寮河

田寮河為台灣第一條人工運河，源頭在槓子寮，全長約 3.5 公里，在市區的河段共有十二座橋連接仁愛區及信義區，後來也被改建為十二生肖橋，分別為：財鼠橋（基隆女中附近）、旺牛橋、福虎橋、玉兔橋、祥龍橋、銀蛇橋、寶馬橋、吉羊橋、美猴橋、金雞橋、富狗橋、喜豬橋（港口邊）。

2 許梓桑古厝

位於愛四路 2 巷 15 號。此地正式名稱為慶餘堂，是日治曾擔任基隆街長與台北州協議會員等職、基隆重要文化人的許梓桑之故居。樓高兩層，現已荒廢，但每年會有基隆在地青年於此舉辦文化活動。位在廟口後山，在仁三路及愛四路均有指標，可依指標登樓梯一訪。

3 基隆廟口夜市

知名夜市，以仁三路奠濟宮為中心，24 小時均有攤位營業，原僅有仁三路一段（24 小時），後來加入愛四路攤商（傍晚後擺攤），形成一L型市場。奠濟宮供奉開彰聖王，與慶安宮、基隆護國城隍廟合稱「基隆三大廟」。雖然許多人説廟口是觀光客去的地方，但廟口的食物對我來説還是有銘印效應般的親切喜愛，從小吃到大的三兄弟豆花、碳烤三明治的味道是鄉愁，肉羹的湯要是薄芡，八寶冬粉和鼎邊銼是冷天時的慰藉。

中正路
義一路
海洋廣場
喜豬橋
金雞橋
富狗橋
美猴橋
許
忠一路
義二路
義三路
義四路
愛一路
愛三路
仁一路
見書店
仁二路
愛五路
廟口夜市
何嘉仁
親子書苑
愛六路
仁三路
愛四路
許梓桑古厝
見書店

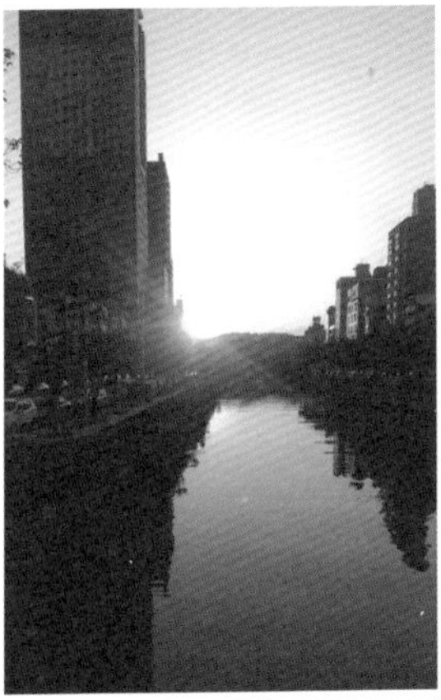

市區的後花園

▼海洋廣場到紅淡山三角點，約二．三公里

若是覺得中正公園太人工，想要走走更自然的地方，可以去仁愛區的紅淡山。這裡是基隆市仁愛區最高峰，市區有多條路可通，田寮河這一側的仁二路一三七巷、延平街、劉銘傳路、愛九路、復興街，靠鐵路那一側則可走南新街和南榮路的許多巷子，都有路可以上山。

紅淡山視野很好，山上有一些涼亭，也有座扶輪塔可觀景。冬末春初有櫻花可賞，春天也有杜鵑，是個很容易就能感受大自然的地方，可說是市區的後花園。在山上往北面可眺看市街景色，往西南面則能遠看鐵道風光，天氣好時，還能看到台北一〇一。

山上設有步道，四通八達，鄰近的寶明寺、佛手洞都是可以走走的小景點，也可串聯到月眉山、四腳亭。

每年一月到三月間，媽媽就會注意紅淡山山櫻開的消息，天氣好的初春假日，到紅淡山上賞花，是我們家的定番行程。我們常從劉銘

傳路上山，從另一側寶明寺下山。在銘傳國中附近的登山口走起，爬很多樓梯後就能先攻頂三角點，之後在山上散散步，找個視野好的地方休息，吃著自己準備的茶水點心，呼吸一下不同於城市的空氣，便把世俗的煩惱馬上拋開。

要和對基隆不熟的朋友們小小提醒一下：基隆的殯儀館位在南榮路五〇九巷，由此巷延伸的山坡，全都是墳墓，而紅淡山上再往南走一段路就會接到這裡，金寶塔、永念庭等基隆知名的靈骨塔也在這一區，算是基隆的風水寶地。想要在紅淡山來個大縱走的朋友們請留意，這裡可是有這樣的世界喔！

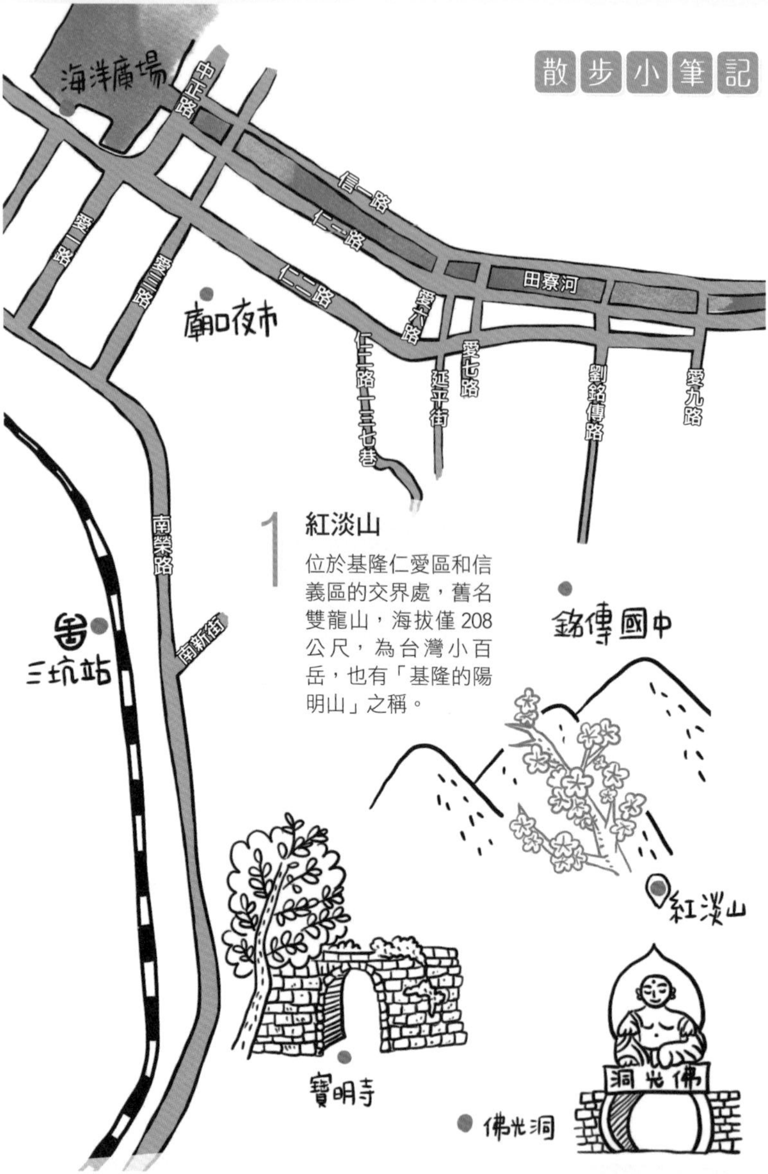

1 紅淡山

位於基隆仁愛區和信義區的交界處，舊名雙龍山，海拔僅 208 公尺，為台灣小百岳，也有「基隆的陽明山」之稱。

2 寶明寺

相傳建於 1933 年，供奉釋迦牟尼佛，為日治時期的佛教聖地，是座清淨舒適的佛寺。進入寺之前有座古城門，是此寺一大特色。

3 佛光洞

原是一個蝙蝠洞，所以當地人也常稱之「蝙蝠洞」。洞內寬敞，供奉觀音，洞口有一尊白色彌勒佛，不過現在這裡已經沒有蝙蝠了，洞內外路況經常潮溼，請留意腳步唷。

基隆港的左膀右臂
單程五公里的東西岸散策

前面介紹的基隆好萊塢、獅球嶺砲台、中正公園、田寮河、紅淡山，都屬於從基隆海洋廣場出發純徒步五公里內可來回的地方。接下來要來介紹的是東西岸的單程五公里和一些加碼路線。

基隆是個山海港包夾的城市，海洋廣場正是基隆港的最底部，站在海洋廣場面對港口，左邊是西岸，右邊是東岸，各有一些有趣的地方可以走走。

要聊聊接下來的散策路線時，還是先為大家簡單介紹一下基隆的市公車，在規畫較長距離的步行路線時，搭配大眾運輸很方便。基隆的市公車多會開到基隆火車站（都可以使用悠遊卡），可從火車站選定路線公車出發到預定景點，在慢慢散步回來；或是一路走到景點，在路上走累了，就近找到往火車站方向的站牌，搭公車回市區即可。

基隆的市公車號多為三位數，重點看第一個數字，各代表開往不同的行政區，1字頭公車往中正區，主要往和平島或八斗子；2字頭公車往信義區，主要往深美國小、深澳坑；3字頭公車往中山區，主要太白莊、外木山；4字頭和7字頭公車往七堵區，可到七堵、六堵、百福社區；5字頭公車往安樂區，可到國家新城、大武崙、情人湖；6字頭公車就是到暖暖區，可到暖暖、碇內、四腳亭。（掌握基本方向後，再細看公車路線圖就比較好了解。）

另外，基隆的計程車計價方式和台北一樣，路上計程車很多，也可隨手招個計程車讓步行計畫更自在唷。

現在網路很方便，朋友們若對建議的路線有興趣，可搭配Google地圖了解路況，知道大概怎麼走就上路吧！在基隆散步，與美食、美景隨興相遇，就是享受基隆好日子的方法。

東岸　走路離開台灣島

▼海洋廣場到和平橋，約四．六公里

一開始在基隆散步時，我常走回舊家，那時舊家已是斷垣殘壁，我會走去舊家山坡旁的樓梯上坐一坐再走回家。經常走的路線是從市立游泳池旁往指玄宮的樓梯上坡，經市立體育場，從正信路接豐稔街下山，後轉正豐街來到舊家。回程沿中正路接中船路、義二路走回市區，這樣繞一圈才五公里。

走了很多次後覺得有點膩，於是開始延展距離，走遠一點！

從舊家沿著中正路大概再走兩公里多，就到和平島。小時候，媽媽常帶我去那裡拜訪友人，爸爸也會帶我們去和平島公園玩，所以對那裡不太陌生。不過小時候都是坐公車去，以為是很遠的地方，開始走路後才發現其實沒多遠。

從市區到和平島大概五公里，認真走的話，一個小時就會到。從正濱漁港，走過和平橋，就等於是離開台灣島、登上和平島，享受走

路離開台灣的小趣味。

我最常走的路線是沿著義二路、中船路、中正路直行，途中會從熱鬧的街區來到住宅區，還有我小學的魔幻通學路，接著就會來到舊家，這裡的要塞司令官邸和校官眷舍，連同我小時候看到大的清法戰爭公墓和公車管理處，再加上大沙灣石圍遺構、太平輪紀念碑，都被市府納入「大基隆歷史場景再現整合計畫」加以整理，現在這一區被整合為「沙灣歷史文化園區」。

過了舊家沿中正路走，會經過市長官邸，這裡也是重修的日式住宅。接著會經過一座韓國教會，從市府拍的紀錄片可知，在國民政府來台後，仍有一些韓國人定居在此，中正路上曾有一條小小的韓國巷（早期被稱為「勝利巷」），而這座韓國教會就是韓國長輩們信仰與交流之處。

正濱漁會大樓也是「大基隆歷史場景再現整合計畫」重整的歷史建物之一，來到漁會後，可從巷子走進漁港裡，沿著港邊走，停了許多漁船，常會有漁民在此整理漁網，也有不少人喜歡在此釣魚。前幾年秋天的「潮藝術」，常有藝術家在漁船上進行現地製作，讓大家有

機會上船欣賞作品，是很難得的體驗。

再沿著港邊走，就會來到這幾年興起的基隆網美聖地「正濱漁港彩色屋」，彩色屋和對面平台的房子原本均以漁港船務功能考量，建築格局較特別，目前多被改建為咖啡廳和餐廳，我也常特意從家裡散步過去吃東西。碳烤吉古拉也是這裡的名物，基隆麵攤必點小菜，經過時若剛好營業，可以試試剛烤出來的吉古拉。

和平橋下的八尺門水域，襯映著彩色屋或阿根納造船廠，是我拍不膩的美景；再走幾步過了橋，就離開台灣島了。這裡的風景、美食和離開台灣的概念給我一股輕鬆的力量，特別是要走幾公里過來，才能感受到那種暫時登出的爽快。

＊＊＊

來到和平島，除了在海產街買海鮮、吃海鮮外，很推薦去和平島公園走走。和平島公園也是小時候大人應付小孩時會帶我們去玩的地方，那時的印象就是海岸上有超多海蟑螂，還有老舊的遊樂設施及

可以去游泳的九孔池。這幾年基隆在地團隊進駐和平島，重新整治規畫，讓這裡耳目一新，大人可以散步看海，兒童可以在人工沙灘上安全戲水，也有餐廳、咖啡廳和許多基隆文創商品可以買，之前也曾辦過文創市集、無塑市集、演唱會，或是特別的夜間開放，一旁的阿拉寶灣可預約導覽，是一個可以同時讓大人小孩度假的園地。

和平島公園入口附近，有一個聖薩爾瓦多堡的考古挖掘現場，這裡是和平島歷史四百年、也是台灣與世界接軌的有形歷史證據。

離開和平島時，建議選走社寮橋（接到北寧路海大校門附近），可以另一個角度欣賞八尺門的水道之美，也可欣賞基隆嶼方向的海天一色。

另外，從豐稔街口到正濱漁港間，走祥豐街或中正路都可以，兩條路都會到。我有時會在祥豐街轉正榮街上坡，這裡有幾個不錯的看點：旭丘指揮所、正濱國中旁的頂石閣砲台，還有從正榮街七七巷下坡，正好會穿越金蓬萊社區，這裡的建築依地形設置，有市內車道，景致特別，路景起伏變化多，是很有趣的散步路線。

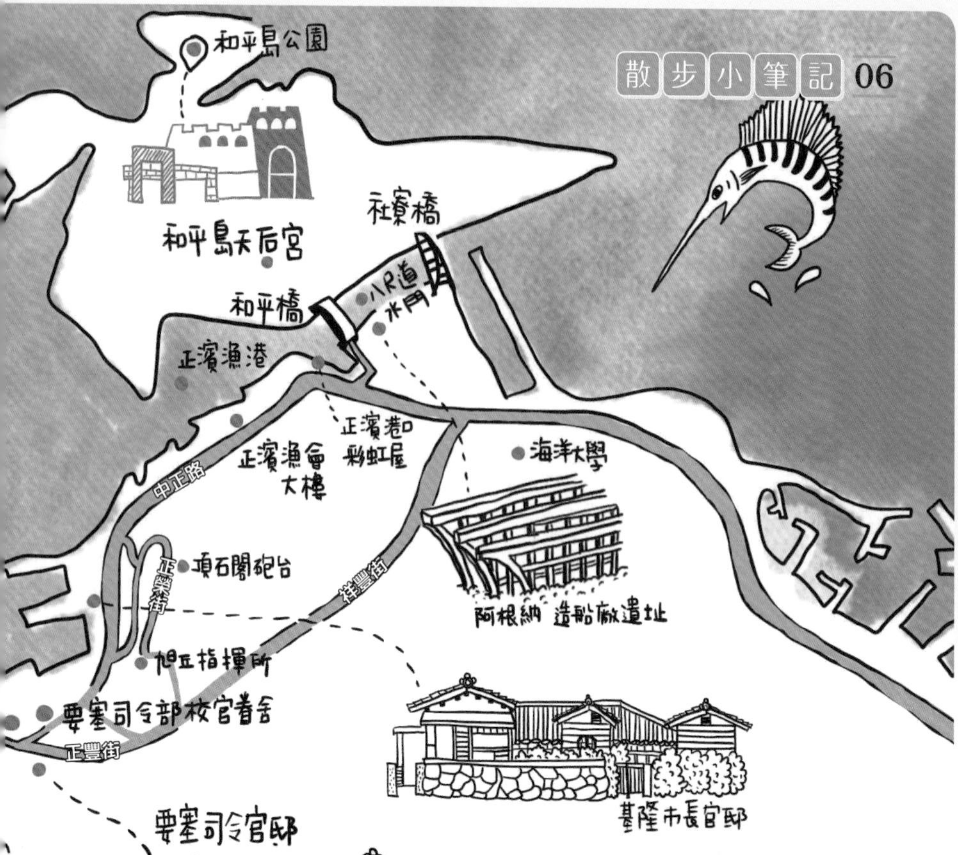

1 北白川宮能久親王紀念碑

位於中船路 112 巷 68 號。為紀念 1895 年奉命來接收台灣的北白川宮能久親王之紀念碑。北白川宮能久親王曾落腳於鄰近的基隆舊海關禦舍營。此碑為方狀切除四角之八邊形，高約三公尺。我小時候每天經過都不知道那裡有紀念碑，約是二十一世紀後才被發現重整，部分已遭破壞。

3 基隆要塞司令部校官眷舍

位於中正路 111 號。原為三棟獨立日式建築，建於 1928 年。二戰後，因應鄰近要塞司令部需求，改為官舍。1990年代後期，眷戶陸續遷出，房舍維護不力，逐漸倒塌。2020 年納入「大基隆歷史場景再現整合計畫」，僅保留一棟，重新修復完成。

2 清法公墓

位在中正路與東海街交叉口。舊名法國公墓，建於 1885 年（清光緒 11 年），以紀念清法戰爭時陣亡之士兵。園區共有七座石墓、二座紀念碑和一座遷移記事碑。

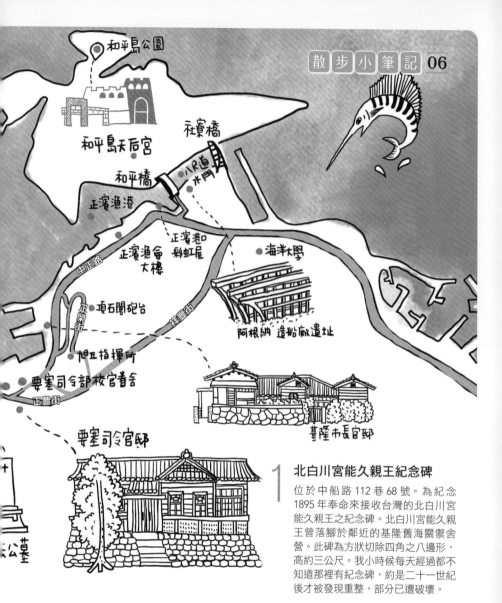

10 和平島公園

位於平一路 360 號。公園內有沉降海岸的天然景觀及觀海平台，並分有海泳池、奇岩區、旅客服務中心，園內亦有通往阿拉寶灣之通道。進入園區需購票，阿拉寶灣每日固定人次預約制。官網設計得很漂亮、服務說明清楚，有意拜訪公園的朋友們可先上官網了解相關資訊唷！

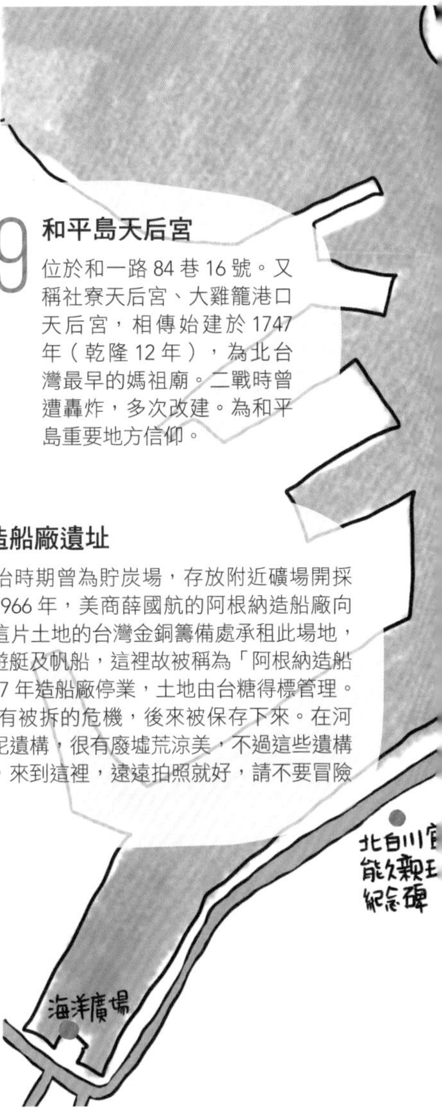

9 和平島天后宮

位於和一路 84 巷 16 號。又稱社寮天后宮、大雞籠港口天后宮，相傳始建於 1747 年（乾隆 12 年），為北台灣最早的媽祖廟。二戰時曾遭轟炸，多次改建。為和平島重要地方信仰。

8 八尺門水道

為分離台灣島與和平島的水道，分別有和平橋與社寮橋連結，兩條橋皆為人車可通行。

7 阿根納造船廠遺址

此地在日治時期曾為貯炭場，存放附近礦場開採的煤礦。1966 年，美商薛國航的阿根納造船廠向當時管理這片土地的台灣金銅籌備處承租此場地，用來製造遊艇及帆船，這裡故被稱為「阿根納造船廠」。1987 年造船廠停業，土地由台糖得標管理。2016 年曾有被拆的危機，後來被保存下來。在河道上的水泥遺構，很有廢墟荒涼美，不過這些遺構安全堪慮，來到這裡，遠遠拍照就好，請不要冒險攀爬唷！

6 正濱漁港

位於正濱里。日治時期為北台灣最大漁港，鄰近的漁會正濱大樓建於 1934 年，戰後由海軍接收，後又被基隆漁會收購，2015 年漁會將漁會正濱大樓贈送給基隆市政府，現已納入「大基隆歷史場景再現整合計畫」。正濱漁港目前積極發展觀光業，以彩色屋 IG 打卡聞名，亦有在地青年團體「星濱山」長期駐點，推展各類藝術文化活動。

5 基隆市長官邸

位於中正路 261 號。1932 年（昭和 7 年），由台灣土地建物株式會社基隆支店長松浦新平所建，可兼覽大沙灣海水浴場及旭岡景點；二戰後曾為鄧伯粹、謝貫一與林蕃王等基隆市長官邸。2013 年重新修復。

4 旭丘指揮所

位在正榮街 5 號。建於 1930 年代，原為紀念基隆築港有功者松本虎太而籌建之「松本紀念館」，在二戰時轉為日軍的旭丘指揮所。原本分「和館」與「洋館」，現僅存「洋館」，造型獨特，2020 年納入「大基隆歷史場景再現整合計畫」。

東岸加碼　八斗子

▼海洋廣場到潮境公園，約八公里

距離和平島三公里的八斗子，也是我小時候常去的地方。暑假的最後幾天，爸爸會帶我們去望幽谷走走，通常直接騎車上一〇一高地，那裡可以看到壯闊的海景，還有基隆嶼和九份，有時海上會有正要出航或歸航的漁船。

若不上一〇一高地，沿著漁港一街直行到底，會到八斗子漁港，那裡的堤防上常有許多人在釣魚，從中油油桶附近可以彎進大坪海岸，會直接碰到海。

八斗子還有海科館可參觀，海科館主要以海洋科技、海洋環境介紹為主，也有海洋主題的3D電影，值得一遊。海科館對面是台灣的水準原點，由此為基準，測量出台灣各地的海拔高度，彷彿是台灣頭的隊長，各地的高高低低都要以它為準！

海科館旁邊的潮境公園，是基隆另一個網美打卡聖地；在新冠疫

情前，好多年的元旦升旗典禮在這裡舉行，我也去參加過好多次。

過了潮境公園再往前走，就會來到傳說是北台灣最美的火車站，或稱「北台灣的多良車站」——八斗子火車站，八斗子車站位在基隆和新北市的交界處，在往北走就是新北市瑞芳。這邊還有深澳鐵道自行車可以坐，需要預約。

從基隆市區到八斗子約八公里，通常我只走單程；有時去參加元旦升旗典禮，搭車到潮境公園，等升旗結束後，就慢慢散步回市區，看著清晨的漁港慢慢甦醒，太陽越來越高，一邊想著新年的展望，彷佛為自己注入許多新能量。

基隆的路彼此相連，除了可以從中正區直行到八斗子，還可以從信義區過來。若是田寮河走到底，接上東信路、孝東路，就會來到深美國小這個區域，這裡是基隆較晚開發的地區，有好幾個大社區毗鄰，附近也有了二高支線交流道，人口多、飲食店家也多。有時我會在深溪路或新豐街吃點東西後，再沿著新豐街下山，下山後會來到八斗子附近，就到那裡看看海，再慢慢散步回市區。

如果到了海洋大學，可以沿著龍崗步道上山，山上有槓子寮砲

台，視野遼闊，海景無敵。離開槓子寮後，不用原路折返，接上立德路後，一邊可經二信中學後來到祥豐街，另一邊會到美的世界社區，就會接回深美國小那一帶，可沿著崇法街下山，回到市區。

基隆不大、且東西岸兩立，許多路是相通的，有時坐計程車，司機會和你討論想走哪一條路到目的地，比較快的？比較近的？紅綠燈少的？

若是在山上散步想問路，被問的人反而會先問你想要去的目的地是哪裡，才好推薦最接近好走的路線，這也是要靠豐富的在地經驗才能達到的事啊！

散步小筆記 07

1 八斗子漁港

為解決正濱漁港漁船停放空間不足，於 1975 年興建的多功能漁港，亦為北台灣最大漁港。以漁貨中心聞名的碧砂漁港亦為其一部分。

6 槓子寮砲台

位於教忠街 141 巷。砲台位在中正區與信義區之交界山區，遺址保存尚可，可見當年留下的崗哨、交誼廳、營舍、指揮所、碉堡等，可遠眺基隆嶼、和平島、八斗子、九份等景色。

5 八斗子火車站

位於中正區砂子里與瑞芳交界。此站為深澳線的一站，屬無人車站，只有一個月台，每天班次大概只有一、兩班，可以坐到平溪、菁桐。離海非常近，月台旁過了馬路就是海。

4 國立海洋科技博物館

位於北寧路 367 號。簡稱海科館、海博館。九個展示廳以各種海洋相關的科技文化為主題，包含區域探索館及 IMAX 3D 海洋生態館，亦有餐飲設施。需購票入場。

3 潮境公園

位於北寧路 369 巷。原為垃圾集放地，之後因海科館籌備處規畫改建為公園。公園內生態豐富、海景迷人，亦有常設裝置藝術，因而成為網美打卡聖地。

2 望幽谷

位在中正區八斗子漁港旁的山谷，也稱忘憂谷。為一 V 型山谷，分別有鸚鵡螺廣場入口、六五高地入口、油庫入口可進入山谷，山邊有一〇一高地和八〇高地，一〇一高地為此山谷的最高點，海景視野無敵。

西岸　中山路直直行

▼海洋廣場到基隆燈塔，約五．一公里

對於在東岸中正區土生土長的我來說，西岸中山區是個不熟悉的地方，但我卻從小到大每天都看著那片土地，尤其是協和電廠的三支煙囪。

在基隆走路後，當然對中山區很好奇，不過一開始除了虎仔山基隆地標外，並沒有好好研究，印象中後火車站的車很多，也有隧道，不曉得好不好走。雖然有些好奇心，但沒想過自己可以去走走看。

直到有一天我在臉書基隆社團看到一張照片，拍的是中正公園的觀音，而取景角度是在觀音像對面，這引起我的好奇心，看照片的取景距離應該在西岸的某處，用大砲鏡頭zoom in拍的，那麼是在哪裡能拍到這一張呢？看了攝影者的打卡紀錄在築港紀念碑，我以前從沒有聽過這個地方，於是查了Google地圖，找一個天氣好的下午，來去走走吧！

地圖上顯示中山區有隧道捷徑，我不想走隧道，於是決定來個中山路系列直直行。那次徒步後才知道，以前覺得車多難行的中山一路、二路，都已重新鋪裝人行步道，中山二路一直到中華路、復旦路口，都可以悠閒地走在人行道上。過了那個路口接上中山三路、中山四路，左手邊是山壁、右手邊牆外是基隆港，加上許多車都會走光華隧道或其他隧道，走這條路的車稍微少一些，海港和山壁包夾、車又少，讓這裡有強大的邊緣感。走到中山四路，依路標指示在叉路左轉上坡，就能來到築港紀念碑，我也在那裡找到臉書那張觀音照片的取景視角。

若不去築港紀念碑，繼續沿著中山四路直行，就會來到基隆有名的仙洞，仙洞是建在海蝕洞裡的寺，除了主洞正殿外，洞內還有個小山洞可入內參拜，入洞後會越來越狹窄，需要側身甚至蹲走才能通行，盡頭內供奉神明。

仙洞外有一個佛手洞，在深處洞窟石壁上，有塊石壁宛如石手印，故被命名佛手洞。佛手洞內有數個走道，洞穴內目前有裝設照明，不時會滴水，非常涼爽，就算在夏天也是，宛如天然冷氣。

我曾參加「雨都漫步」的導覽，那一次的路線在參觀完佛手洞和仙洞後，從仙洞旁的樓梯往上走到仙洞公園，再來到奉祀媽祖的聖安宮。從聖安宮接上中山路一〇三巷，來到高遠新村，高遠新村有一些日式建築宿舍群，從那裡也可以接回築港紀念碑，路都是相通的。

離開仙洞後，若繼續沿著中山四路轉光華街，再依指示上坡，會來到白米甕砲台，這附近被稱為「荷蘭城」，據說在西、荷時期就有砲台的設置，這裡海景遼闊，一旁能看到協和電廠的三根煙囪，而海的對面就是和平島，這裡與和平島彷彿是守護著基隆港的一對犄角。

在白米甕砲台沿著指標走，或在光華路繼續往前走一點，就有路可以通到基隆燈塔，燈塔內雖然不開放，但是燈塔外可以參觀，這座白色燈塔很美，一旁也有觀景台，可好好欣賞基隆港西岸的景致。

從基隆火車站走到基隆燈塔，也就是五公里多一點，但這五公里山海包夾的邊緣地帶，包含了自然地理、人文生活、歷史文化，是條很棒的散步道。

散步小筆記 08

1 築港紀念碑

位於中山三路 103 巷。日治時期，在基隆築港時，分別在仙洞町、昭和町修築宿舍供技師及築港工人居住，之後在闢建十六號碼頭時，死傷特別多，特在 1930 年（昭和 5 年）建立紀念碑。紀念碑為磚石構造，空間格局包括參道、紀念廣場與紀念碑。

6 基隆燈塔

位於光華路 51 號。原建於 1900 年，磚砌圓塔造型，後於 1962 年改建為鋼筋混凝土圓塔，純白建築，宛如希臘式風格。目前無開放入內參觀，但附近平台可以靠近。一旁也有小路可通往白米甕砲台。

5 白米甕砲台

位於光華路 37 巷 132 號。相傳西班牙人及荷蘭人曾於此建城堡，現今流存的砲台建於清代，與東岸砲台共守港口安全。砲台視野遼闊，四個砲台呈長平面一字排開，為一大特色。一旁可見協和火力發電廠的三支大煙囪。也已納入「大基隆歷史場景再現整合計畫」。

4 聖安宮

位於中山三路 111 巷 59 號。供奉媽祖，為大甲鎮瀾宮的首座分香廟，故此廟亦稱基隆大甲媽。日治時期，許多大甲人在農閒時來基隆碼頭打工，因此當地有不少來自大甲的移民，而此廟亦成為當地大甲移民的信仰中心。

3 仙洞

位於中山四路旁仁安街 1 號。為一特殊的海蝕洞，傳說曾有仙人在此修行昇天，故名仙洞。早期洞臨大海，置身洞內能夠聽到海潮拍岸聲，早期基隆八景之一曾有一景為「仙洞聽潮」。主洞供奉觀世音菩薩，主洞內又有左洞和右洞，左洞洞徑狹小，部分段落需側行、蹲行通過。洞外的階梯可通往仙洞公園及聖安宮。出口附近也有通往佛手洞的指標，不要錯過了。

2 高遠新村

為日治時期設立的築港官員宿舍，二戰後改為港務局員工宿舍，為基隆西岸別有韻味的山丘聚落。因地勢較高，亦為眺望基隆海港風景的好地方。

西岸加碼　外木山

▼海洋廣場到大武崙澳底沙灘，約七公里

對西岸比較了解後，覺得還有一個地方我該趕緊解鎖，那就是從小聽到大、但從沒有去過的外木山。硬要說的話，和朋友去金山時曾開車經過那裡，如此而已。

一個晴朗的週末下午，看一下地圖就出門，有過之前中山路大串走的經驗，覺得外木山一點也不遠，中山二路、中華路、文化路，再接上協和街，就能來到湖海路，那一次外木山探索，最興奮的就是能走到協和電廠附近，很近地看到三根煙囪，那三根煙囪一直在我小時候的生活視野裡，從來沒有這麼近距離拜訪它。

協和電廠附近有個小聚落，從那裡接上湖海路一段，也就是外木山，前段有規畫好的海水游泳池，再往前走就是單純的海邊，不像東岸北寧路人行道斷斷續續，這裡的路段鋪裝了非常良好的人行道，走起來安全舒適。

到了外木山後查了地圖才知道，這段步道很長，要回市區的話還是得折回來比較近，於是在海邊走了一段便折返。但回程不想走原路，改在文化路接復興路、西定路散步回市區，一個下午也走了十幾公里，看到了海，走了以前從未走過的街道，心情好充實！

後來有一次和家人去基金三路吃午餐，餐廳旁就是內寮澳底產業道路，沿著產業道路翻過山，會到大武崙的澳底沙灘，而沙灘剛好是湖海路的尾端，於是吃完午餐後就從餐廳出發，翻過山，沿著湖海路在海邊散步，慢慢地走回市區。

我很喜歡這條外木山步道，一邊是山壁，一邊是海，中間幾乎沒有什麼叉路，可以單純地面向海洋。人行道中途有休息的涼亭、洗手間，也偶有咖啡廳或行動咖啡車，對散步或運動者非常友善，宛如城市之寶，也像是台灣頭的寶石髮帶，山海間的美麗步道。

散步小筆記 09

1 外木山

位於湖海路一段。為基隆最長的天然海岸，從外木山漁港到大武崙澳底沙灘約三公里多的步道，一邊是山、一邊是海，可以享受碧海藍天的絕景。

2 情人湖

為基隆安樂區的湖泊。因有大小湖泊相連，宛如情人相依而得此名。景區內有環湖步道、情人吊橋、風車、眺望台等設施。亦有步道可通往外木山。

3 大武崙砲台

位於外木山漁港後的大武崙山內，鄰近情人湖。始建於清代，並於日治時期改建，遺址保存良好，包括營區大門步道、洞窟營舍、稜堡、避難壕、蓄水池等。

大武崙
澳底沙灘
外木山情人湖濱海大道
情人湖
公園
大武崙
砲台

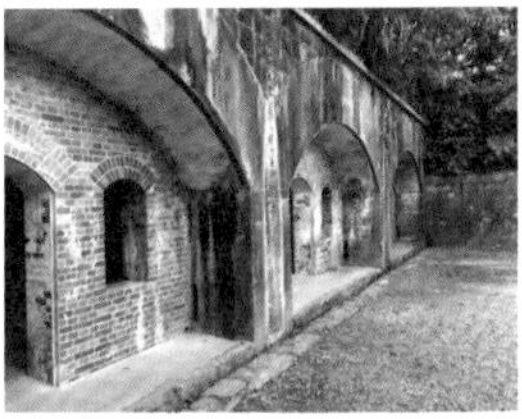

我的假日午後暴走漫談

有了走路習慣後，我經常在好天氣又沒事的假日午後，出門散步，一般就是走中正區，如果走到舊家要塞司令官邸折返，來回大概五公里多，我稱這個路線叫「小圈」；有時會走到和平島再折返，來回大概十公里，我稱「大圈」。

但有時候心裡會突然浮現某個基隆地名，想去感受一下在那裡走路是什麼感覺，便查一下地圖就出門，展開一段無謀的暴走，沒有什麼特別的目的，只是想走走看。帶著觀光客的眼光品味離家不遠的地方，看到的風景、吃到的小吃，新鮮又滿足，每當散步完心情總會特別愉快，好像又收集到基隆的一小塊拼圖！

＊＊＊

小學那次全年級大規模遠足去了月眉山，還記得山上有一座靈泉禪寺，有一天突然很想再去看看。小學時好像是走山路上去的，但怎麼走完全想不起來了，不過Google地圖說沿著月眉路直上就會到，那就來走走吧！

說實在的，從月眉路走上靈泉禪寺的路有點無聊，全是產業道路，除了少數民家外什麼都沒有。到了靈泉禪寺就好多了，靈泉禪寺在佛教界是一所重要的佛寺，目前修了很多房舍，最早的古寺也保留下來，被包在新的建築裡；在古寺裡靜坐一會兒，非常舒服。

若不原路折返，沿路繼續走下去，會來到靈泉禪寺的開山堂，那是一棟很漂亮的紅磚建築，因為需要修復，不開放入內參觀，只能在外面拍照。

再往前走就來到了基隆和新北市的縣界，可以體驗從基隆走到新北市。幾年前這裡有個名叫「擁恆文創園區」的墓園，有一大片綠地，曾大規模地辦了許多裝置藝術季和市集活動，那時也曾走來參觀，綠草如茵之地有許多黃色小鴨和風車，頗為壯觀，可惜後來就不再對外開放了。

下山到平地，四腳亭車站就在不遠處，在四腳亭的吉安宮拜一下媽祖，再穿過四腳亭市場，過橋走到碇內，這等於又從新北市走回基隆。明明在基隆散步，卻能到新北市快閃一下，有種無聊的趣味。

我對於這種無聊樂趣特別著迷，所以之後又走了好幾次，且越走越遠，先是到碇內市場裡的小市場咖啡休息一下，然後繼續往暖暖走。暖暖火車站是一個僅有月台的無人車站，因為梁靜茹的歌更出名，加上這個可愛溫暖的站名，經常會有人來火車站拍照。

到了暖暖，我還喜歡走到舞麥窯麵包店附近，再沿著暖暖溪河濱步道散步到暖暖親水公園，這是一段相當舒服的散步道。

從基隆市區經月眉山走到暖暖親水公園單程直線距離大概八、九公里，加上繞往大小景點，一路走下來也要十多公里，通常這種行程會結束在暖暖的某處，覺得不想再走了，便找個公車牌，搭公車回市區。

* * *

在基隆散步了好一陣子後，我開始盤點自己走過的地方。我發現基隆七個行政區還剩七堵從來沒走過，便決定要去那裡走走。

看了地圖，如果從七堵直行省道台五線回基隆市區的話，在八堵那裡要經過隧道；如果不想走隧道，可以繞安樂區，從麥金路接安一路回市區。這些路段我都搭車經過，但沒有走過，正好可以一次收集。

搭火車到七堵火車站後，第一件事就是在七堵火車站前的市場享受當地美食，那裡的咖哩麵、臭粿仔湯、七堵營養三明治，是相當有名的在地美食。

之後在八德路過河，沿河邊步道散步到八堵。從汐止到八堵的基隆河岸都有河濱步道，天氣好時在這裡散步非常舒服。不管是搭客運或是搭火車到台北，都會看到這段步道，之前常想不曉得要怎樣才可以在那裡走路，原來就這麼簡單，只是走過去而已。

直行到麥金路口後，就轉往麥金路，這裡也是每天通勤時印象深刻的地方，從台北回基隆的客運上，若在睡眼矇矓中看到八堵交流道的街景，就曉得快要過隧道了。

麥金路直行會經過長庚醫院，然後一路沿著大武崙溪直行，右轉基金一路，再順接安一路，就可以回到基隆市區。講起來好像很快，但這段路是蜿蜒的上坡、下坡路，也是幾公里的路程。一路上有一些小景色，像是雄偉的城上城社區、基隆仁愛之家的建築、安樂高中附近的視野，都讓人印象深刻。

從七堵火車站走路回我家，大概也是八、九公里左右，沒有什麼特別的目的地，只是吃點小吃和走一些經常搭車經過但沒走過的路，回家後除了腳有點酸，心情卻非常滿足，我和這個城市的關係彷彿更加緊密了。

＊＊＊

想要在一個假日午後同時進行城市探索、親近自己、運動健身、吸收新知、觀光遊覽、品嘗美食……，其實是件很容易的事，只要穿雙好走的鞋子，推開家門，帶上手機，然後一路走走、查查、吃吃、拍拍，幾個小時就可兼顧所有享受。

因為大腦和身體有了這樣的訓練，之後對於任何在網路和報章雜誌上看到、或從人們談話中聽到的基隆某處地名，我都會在內心開始連接起走到那裡的路。如果是未知的地名就先存檔，下次心血來潮，就可以走走看。

一定還有些什麼事我不知道，哪一條小路我還沒走過，哪個地方還沒去過？記起來，下次讓我再走去那裡看一看，再補上一片我的城市拼圖。

基隆的西國三十三觀音靈場

四國遍路回來後，我在台灣推廣遍路，而學習與遍路有關的事，也成為我的興趣。在這個學習的過程中，我知道了日本除了四國八十八靈場的巡禮信仰外，另外還有一條巡禮路線，據說歷史比四國遍路更長，那就是「西國三十三所觀音靈場」。

西國三十三觀音巡禮，緣起於《妙法蓮華經觀世音普門品》的觀音救度眾生三十三變身信仰，開創傳說起源自奈良時代，自平安時代以降逐漸成型，主要在近畿一代的觀音寺院。第一番起於和歌山縣的那智山青岸渡寺，經大阪、奈良、京都、滋賀，最後終在岐阜縣華嚴寺，全長約一千公里。許多人去京都旅行時一定會去的清水寺，便是屬於西國三十三所的第十六番。

西國三十三的巡禮動線穿梭在近畿諸縣中，指標動線不如四國靈場，徒步難度較高，日本的徒步巡禮者也較少，多以自駕或參加旅行團方式進行。

西國三十三觀音、四國八十八遍路這些朝聖路線，在日本中世紀逐漸發展成熟，到了江戶時代，透過修行者各地傳教、書籍出版、歌舞伎等庶民娛樂的宣傳，使得巡禮文化逐漸成了一般人也會進行的旅行方式，當時各令制國有出入境管制，但人們可以巡禮為目的申請通行證。

當巡禮文化成了廣大的信仰，許多人都想去參拜，不過去一趟四國、去一趟近畿，可不是一件容易的事，就算是現在，走一千公里需要花很多錢、時間和體力，更何況是古時候，且巡禮者還要先從自家出發到近畿或四國才行，既遙遠也危險重重。

因此，在日本各地有了複製靈場（或稱地方靈場），讓無法遠行的人就近參拜。有些是區域性的寺院集結，如小豆島的「小豆島八十八」、福岡的「篠栗四國八十八」。有些則以石佛表現，在日本的許多寺院或山間，會看到八十八或三十三尊石佛排列。另外，也有以採集原寺的土石裝成袋或埋入地，讓人以手撫摸的「砂撫」或以腳踩踏的「砂踏」形式，被供奉在某寺內，如遍路靈場第五十一番石手寺就有八十八遍路靈場的砂撫袋，排放一圈，讓人一邊以手一一撫摸各寺砂撫，一邊念經祈禱，宛如遍路中。

＊＊＊

這樣的信仰傳統在日治時期也傳來台灣，在台北就有「四國八十八所靈場」，以石佛形式安奉在台北各處，以西門町天后宮為始，陸續安奉在萬華、圓山、芝山岩、陽明山、北投等地沿線，不過目前石佛已不全；花蓮的慶修院，則有完整的八十八石佛。

而三十三觀音的複製靈場，台北、基隆、宜蘭、新竹等地都有，在林承緯的《宗教造型與民俗傳承：日治時期在台日人的庶民信仰世界》中，有詳細的介紹。

我原本不曉得日本巡禮文化和台灣有關係，直到幾年前讀了林承緯老師的書，才了解到原來巡禮文化也曾在台灣發展過，且基隆就有。海洋大學海洋文化研究所的葉玉雯更以《日本佛教在基隆的創建

與發展》為題，寫成碩士論文，並於二〇二一年正式出版，論文中就翔實介紹基隆三十三觀音石佛的歷史與現況。

基隆的西國三十三觀音靈場與月眉山的靈泉禪寺關係深厚，石佛所在的位置也多是與靈泉禪寺有淵源之地。據林承緯和葉玉雯的書中，整理出基隆三十三觀音石佛目前的位置：

第一番　汐止靜修禪院廟前
第二番　汐止彌勒內院
第三番　極樂寺大門前
第四番／第五番／第八番　劉銘傳路蓮法寺內
第六番　二分局後慈安宮二樓
第七番　豐稔街一三〇—二巷昊天堂內
第九番／第十番　仙洞巖
第十一番／第十二番　中山一路千佛寺
第十三番／第三十番　寶明寺往蝙蝠洞紅色石亭中
第十四番／第十五番／第十七番　三坑龍安街嚴放寺

12

9・10

5

3

第十八番　龍安街日軍少尉碑基座
第十九番／番外　三坑龍安街法王寺
第二十番／第二十二番／第二十三番　慈善寺
第二十一番　十方大覺寺觀音亭
第二十五番　明月寺
第二十六番　愛九路內復興街龍山宮
第二十九番　月眉路慈淨寺
第三十一番　靈泉禪寺舊殿的主殿後方樓梯下
第三十二番　靈泉禪寺靈泉三塔後方
第三十三番　靈泉禪寺舊殿左前
（缺第十六、二十四、二十七、二十八番）

也是透過這些石佛研究才知道，第三、四、五、八番的石佛，離我現在住的家很近，且就安奉在路邊，只要經過就能看到，但以前從來都沒留意到這些石佛的存在。

後來在基隆散步時，會特意去找找這些石佛們，才發現石佛們目

前各自境遇不同，有些石佛被好好地供奉在一般人會去的寺裡，像是第九番、第十番的石佛就在香火鼎盛的仙洞巖；第二十一番則被供奉在十方大覺寺的觀音亭。而有些則被供奉在私人寺院，需要寺院管理人開放才能參拜，像是千佛寺、慈淨寺、慈善寺、法王寺。而第七番和第二十六番則是在已封閉的宮廟和路邊雨棚下，看起來有點哀傷。

有沒有可能在基隆串一條石佛巡禮呢？目前的石佛有幾尊找不到，順序也跳躍，但就現在可以找到的，依路線來安排，約可串出一條從西岸仙洞到東岸槓子寮慈善寺的石佛巡禮路。不過巡禮信仰在台灣並非一般人常識，石佛的安置與遷移現多由寺院與土地使用者間自行處理，現在已知的石佛狀況必然會有各種異動，只希望目前安在的石佛能被好好保護，而下落不明的石佛將來也有一天能被找到。

＊＊＊

發現基隆曾有一套石佛巡禮信仰時，彷佛也連結上了自己因去走四國遍路而反思對家鄉基隆不夠熟悉、進而用走路去探索這座城市的行動，世界上的事看似無關，但若願意多多爬梳，便會發現彼此互有線索；而親身體驗這種連結，彷彿也感受到遍路道上「同行二人」的終極奧義——人在宇宙間的各種關聯機緣能否連接上，唯有你持續走下去才會知道。

遍路教會我最重要的事，就是享受「過程」。這幾年比較敢大聲地說我對基隆的愛時，便想好好地梳理，對基隆從疏離到親密的過程經歷了什麼？原來是透過走路，讓城市的風土更內化在自己呼吸和思維裡。這個過程雖然非常樸實，但當它著實地成為我的呼吸，便成就了我的理所當然。這種篤定，很迷人啊！

結語

二〇一五年，基隆市文化局文資科科長郭麗雅從臉書上找到我，和我問了當年住在要塞司令官邸的生活情況，也希望能提供一些照片，因此知道基隆市政府已在整理舊家資料，正在擬定重建計畫。那時我整理了舊家的照片，和她見了面，之後也有建築師來我們家就房子內部的細節討論。

二〇一七年我受到《潮人物》雜誌邀請參與在基隆長榮飯店舉行的「市長餐桌」企畫，與許多文化人、基隆賢達一起與市長聚餐。席間林右昌市長談到了當時進行中的「大基隆歷史場景再現整合計畫」，這個計畫擬將基隆過往四百年的文化史蹟進行整理串連，包括：一六二六年西班牙人修築聖薩爾瓦多城、一八四一年鴉片戰爭期間驅逐來犯英軍、一八八四年清法戰爭法國久攻台灣不下的勝利、從

清領到日治再到民國的築港工程，及基隆成為台灣的第一大港口都市等，是一項打造文化觀光廊帶的重大文化工程計畫。計畫包含了和平島、東岸以大沙灣為核心、西岸以自仙洞到白米甕砲台沿線。而我從小居住的家「基隆要塞司令官邸」就被列在計畫之中。

那時我已在基隆散步多年，每年看著舊家越倒越嚴重，心裡早就沒想過它有機會復活，聽著市長熱情滿滿地談著這個計畫，雖然非常認同——畢竟從十七世紀以來歐亞不同文化衝撞交流所留下的歷史遺產，早就該好好保存、關注——但心裡還是滿滿的問號，畢竟這個計畫太龐大，而此前的基隆素以沒錢且負債多而聞名，市府有辦法生出經費嗎？許多土地不屬於市政府，能協調得到嗎？

接下來，陸續知道了要塞司令官邸修復爭取到經費、何時要動工等消息，還覺得非常訝異。接著在二〇一九年夏天，果真開始動工，還發布了上梁的新聞；到了二〇二〇年中，房子真的修好了，陪著爸媽參與一些為這房子舉辦的活動或採訪，原來市長當時在餐桌上不是說說而已，都是真的。

有一日，在散步時聽著Podcast節目「馬力歐陪你喝一杯」，那一集的來賓是當時剛卸任文化部長的鄭麗君，節目中有一段就聊到關於她支持「大基隆歷史場景再現整合計畫」的一些事，爭取預算及各種協商，了解到市府與中央政府共同對恢復這個難得的文化廊帶的努力。

二〇二〇年十一月底，田寮河畔的小獸書屋開幕活動，請到鄭麗君前部長擔任嘉賓，活動後，冒昧向前與前部長致謝，並自我介紹是司令官邸的前住民，她透露了當時協調的一些難處，且還好奇起當年我們家在那裡的生活，期待可以有更多分享。也因為這個契機，開始回想在那房子的生活，及後來透過遍路喜歡上在基隆走路的日子，於是整理出這本書。

＊＊＊

在基隆散步的這幾年，漸漸感受到基隆市民的轉變，尤其是年輕人們。透過網路，基隆青年們會發表文章、開設臉書專頁，從線上凝聚在地力量和認同；同時，也有許多人回到基隆開店，或是經營地方團體，使得基隆除了原有的山水風景外，又增加了許多美麗的人文風景。

以前蠻羨慕台北的文化活動很多，台北的朋友可以順便去這裡那裡，度過假日的悠閒時間。沒想到這幾年，基隆的週末也活力滿滿，不時會有在地導覽、專題講座，偶爾會有工作坊、市集，在疫情前，四月的兒童節、六月的老鷹嘉年華、農曆七月中元祭、秋天潮藝術、聖誕節海洋廣場的聖誕布置等活動，只要關注幾個臉書粉專或社團，就能馬上了解基隆在地的活動和情報。

也是在見證轉變的過程中讓我相信，或許本來只是剛好住在這裡，但住民們可以用自己的力量打造這裡的生活，我們有管道可以互通有無、彼此串連，讓生活變得更有趣。

除了喜歡在基隆走路，我也喜歡參加基隆在地團體辦的活動，他們邀請專家或是當地主人來介紹過往的歷史與現在的生活，這些面貌是多重的，不斷地吸收堆疊，對城市各角落的認識就更深一些。

人類除了對未知的事情有所好奇，對已知的事情往往也有興趣了解更多門道，尤其在這個資訊量龐雜的時代，我們可以透過各種方式

學習他人品味城市的方法，時時更新自己的資料庫。當自己知道的越多，就會發現自己知道的還不夠，於是更想了解，這種對生活的城市持續挖掘與吸收的過程，或許就是對這片土地有愛的表現。

基隆的「雞籠卡米諾」、「雨都漫步」、「星濱山」、「基青陣」等團體，經常舉辦在地導覽活動、講座、工作坊。要了解「大基隆歷史場景再現整合計畫」的景點歷史，可參加「雞籠卡米諾」的導覽，他們並持續推出一波波亮眼的專案計畫；「雨都漫步」擅長企畫型導覽，有辦過田寮河、鐵路街、砲台、搭船遊內港等主題導覽，相當有趣；「星濱山」則有一波波正濱漁港及和平島在地藝術培訓課程和藝術計畫，常常讓人驚豔；「基青陣」每年在許梓桑故居和八六公寓舉辦活動，另有一些異業合作的專案計畫，帶領大家創造基隆更多的可能性。而在委託行街區、正濱漁港、和平島、八斗子、暖暖等地都有地方團體在進行各自創意的地方創生計畫，且彼此常常交流合作，互相應援。

除了參與實體活動，臉書專頁「回基隆」、「雨島人 People from Drizzle」等都是由在地青年經營的臉書專頁，文情並茂、美圖放送，

串連更多活動。另外也有《雞籠霧雨》、《海想知道》、《東北風》、《Gong Yu》等在地刊物，讓大家了解基隆大小事。想用聽的，也有「雨都漫播」和「河作社」等基隆在地Podcast。

* * *

我選擇用走路的方式好好認識基隆，有人吃美食、有人各處釣魚、有人愛攝影、有人爬梳史料……，用各種方式貼近基隆，相信都會覺得這個城市很棒，有源源不絕的資源。

同樣的，任何人只要願意，都可以靠自己的力量享受自己的城市，發現它的美好，開發更多可能性，然後大聲地和更多人分享，這樣我們的世界就會有越來越多有趣的地方。

不只是剛好住在這裡而已，還要好好地享受在這裡生活。現在的我是這樣想的。

正好住基隆

我住在基隆要塞司令官邸的日子，還有心愛的城市散步時光

作者｜小歐
封面插畫｜王傑
內頁插畫｜李靚彤
照片提供｜小歐、基隆市文化局、M、兔哥、簡至成
社長｜陳蕙慧
副總編輯｜戴偉傑
主編｜李佩璇
編輯協力｜涂東寧
行銷企劃｜陳雅雯、尹子麟、余一霞、林芳如
封面設計｜張巖
內頁排版｜簡至成
讀書共和國出版集團社長｜郭重興
發行人兼出版總監｜曾大福
出版｜木馬文化事業股份有限公司
發行｜遠足文化事業股份有限公司
地址｜ 231新北市新店區民權路108-3號8樓
電話｜ (02)2218-1417
傳真｜ (02)2218-0727
Email ｜ service@bookrep.com.tw
郵撥帳號｜ 19588272木馬文化事業股份有限公司
客服專線｜ 0800-221-029
法律顧問｜華洋國際專利商標事務所｜蘇文生律師
印刷｜通南彩色印刷有限公司

定價｜ 400元
初版｜ 2022年4月

※本書所收錄之照片，部分由基隆市文化局授權使用，特此申謝。
授權照片皆以＊符號標示，見以下頁數：
頁8、14-15、18-19、26-27、29、30、53、59、86-89

國家圖書館出版品預行編目（CIP）資料

正好住基隆/小歐著. -- 初版. -- 新北市：木馬文化事業股份有限公司出版：遠足文化事業股份有限公司發行, 2022.04
208面 ;14.8x21 公分
ISBN 978-626-314-144-5(平裝)

1.CST: 旅遊 2.CST: 人文地理 3.CST: 基隆市

733.9/105.2　　111003447